国家自然科学基金资助（项目编号：51108010）

交通近景摄影测量技术及应用

于　泉　著

北　京
冶金工业出版社
2012

内 容 提 要

本书对交通数据采集技术，尤其是近景摄影测量系统及其在交通工程中的应用等进行了系统介绍。全书共分6章，主要内容包括：交通信息采集技术、交通近景摄影测量系统、信号交叉口机动车交通流特性分析、信号交叉口自行车交通流特性分析、信号交叉口行人交通流特性分析、信号交叉口交通控制设施效果分析等。

本书可供高等学校交通运输规划与管理工程专业博士研究生、硕士研究生以及相关专业技术人员和管理人员阅读参考，也可作为交通工程专业本科生的教学参考用书。

图书在版编目(CIP)数据

交通近景摄影测量技术及应用/于泉著．—北京：冶金工业出版社，2012.7

ISBN 978-7-5024-5968-0

Ⅰ.①交…　Ⅱ.①于…　Ⅲ.①交通运输管理—近景摄影测量　Ⅳ.①U49　②P234.1

中国版本图书馆CIP数据核字（2012）第135510号

出 版 人　曹胜利
地　　址　北京北河沿大街嵩祝院北巷39号，邮编100009
电　　话　(010)64027926　电子信箱　yjcbs@cnmip.com.cn
责任编辑　廖　丹　美术编辑　李　新　版式设计　孙跃红
责任校对　李　娜　责任印制　张祺鑫
ISBN 978-7-5024-5968-0
北京慧美印刷有限公司印刷；冶金工业出版社出版发行；各地新华书店经销
2012年7月第1版，2012年7月第1次印刷
169mm×239mm；9印张；144千字；132页
29.00元

冶金工业出版社投稿电话：(010)64027932　投稿信箱：tougao@cnmip.com.cn
冶金工业出版社发行部　电话：(010)64044283　传真：(010)64027893
冶金书店　地址：北京东四西大街46号(100010)　电话：(010)65289081(兼传真)

前 言

交通流数据采集是开展交通工程规划、设计等工作的首要环节。在需要连续记录较大空间的多个交通个体运动特性的情况下，可以采用视频采集的方法，首先对检测区域进行录像，然后采用计算机图像处理和摄影测量技术相结合来获得连续的交通流微观数据。本书通过对交通数据采集技术，尤其是近景摄影测量系统等的系统讲述，着重对广泛应用于交通工程信息采集中的近景摄影测量技术进行详细的介绍和应用分析。本书在内容和技术上有较多的创新，很多内容是作者负责的课题组首次公布的研究成果。本书面向高等院校交通运输规划与管理工程专业的博士研究生、硕士研究生以及相关专业技术人员和管理人员，也可为交通工程专业本科生提供知识拓展，使其具有交通数据采集技术方面的知识背景，从而对视频交通数据采集技术有较深入的了解。

本书共分6章，第1章介绍交通信息采集技术，第2章介绍交通近景摄影测量系统，第3章介绍信号交叉口机动车交通流特性分析，第4章介绍信号交叉口自行车交通流特性分析，第5章介绍信号交叉口行人交通流特性分析，第6章介绍信号交叉口交通控制设施效果分析。

本书由北京工业大学交通研究中心于泉撰写，课题组相关成员张会、姜天晓、史丽平、赵今、李宁、邓小惠也参与了部分工作，撰写过程中参阅的一些文章、书籍、成果报告等均已列入了书后的参考文献，在此向相关文献的作者谨致谢意。

本书是作者负责的课题组科研成果的总结，由于作者水平有限，书中不足之处，望广大读者予以批评和指正，以便本书在今后修订再版时内容得以进一步完善和丰富。

作 者

2012 年 4 月

目　录

绪　论

交通工程的规划、设计等工作离不开对参与交通的各类运动对象的调查与观测。无论是机动车、自行车还是行人，都在其相应的运动空间内呈现出一定的运动规律，掌握这些交通参与者的运动规律对于开展各类交通工程的规划、设计等工作具有十分重要的作用。因此，对各类交通流开展有效、实时、准确的观测是交通工程的一项基础任务。

对交通流运行轨迹和相应的微观特征参数的调查研究，是对交通流中的个体运动行为进行研究。通过观测数据建立各种模型和机制来描述各类交通个体在特定环境中的行为，能够再现或预测交通流个体在某种交通管理措施下或特定交通环境中的行为，进而应用于交通运营管理、交通工程设计、交通安全、交通仿真等方面的评估或分析研究中。

为了获取微观个体的运动特征数据，可以采用的主要交通信息检测设备包括环形线圈检测器、超声波检测器、红外线检测器、微波检测器、视频检测器等。目前各种交通检测设备中，环形线圈检测器应用最为广泛，但是感应线圈的维护保养难度大，而超声波检测器、红外线检测器、微波检测器及视频检测器易于安装和维护，逐渐成为交通信息采集的主要设备。运用这些新型检测器开展交通调查与研究成为新的关注热点。

第1章 交通信息采集技术

1.1 交通信息采集技术分类

交通信息采集是为了满足相应的使用目的而开展的。对于交通管理控制而言，需要的是实时、动态的交通流量、交通速度、交通密度等方面的信息；对于交通流理论的科学研究而言，则会根据不同的研究背景提出不同的数据需求。随着传感器技术、微电子技术和信息处理技术的发展，不断出现新型的交通流检测器和检测技术。但从总体上来说，常用交通信息采集技术仍可以分为人工采集技术和自动采集技术两大类。

1.1.1 交通信息人工采集技术

交通流的人工观测法、试验车移动调查法和摄影录像法都不具有自动采集信息的功能而属于人工采集技术。人工采集技术具有简单、易控制等特点。即使在美国这样的经济发达国家，目前各州交通部门仍大量采用人工观测法。

人工观测法是在选定的地点及时间，由测量人员计测和记录通过实测断面的车辆数，常用的工具为秒表、计数器、尺子等。此方法简单易行，不需要复杂设备，但需要较多人力，适用于做短期内的调查，不适合于交通的实时控制和交通流诱导，一般用于临时交通调查或调查设备无法获得信息的情况。试验车移动调查法是通过在测定区间内驾车反复行驶测量求得区间内断面平均交通流量的方法。摄影录像法是在测定断面处路面上作标记后，对其做定时摄影或录像，然后对照片进行处理或重放录像，得出交通信息的方法。此方法对交通信息的采集有滞后性，不适于交通实时控制和交通流诱导。

1.1.2 交通信息自动采集技术

交通流的实时运动特征参数是交通控制和交通流诱导的重要指标。目前，实用的交通流自动采集设备主要有环形线圈检测器、超声波检测器、红外线检测器、微波检测器、视频检测器等。交通流自动检测设备包含三个部分，即传感器、信号处理装置和数据处理装置。传感器按工作原理可分为电磁感应式、电接触式、光电式、超声波式、红外线式、雷达波式以及视频检测等多种类型。传感器发现运动物体通过或出现，信号处理装置一般把传感器输出转换成电信号，数据处理装置通常由计算机硬件和固件组成，它把电信号转换成交通参数。自动检测技术一般用于具备硬件条件的城市道路。此方法智能化、精度高、方便可靠、节约人工，并且可以持续观测。

1.2 常见交通信息采集技术介绍

随着我国智能交通系统的迅速发展，交通数据采集和交通事故检测变得越来越重要。需要采集的基础交通信息和交通事故数据主要包括车流量、车速、车间距、车辆类型、道路占有率、车辆违章信息、交通事故检测等。

现阶段，多种检测手段正越来越多地应用在各级公路和城市道路的监控系统中。为了得到交通数据和信息，最常用的主要是借助于固定式检测器的检测方法，例如技术成熟的线圈检测器，新兴的微波检测器、视频检测器、红外检测器。但固定式检测器有安装和维护成本高，覆盖范围小，仅能检测固定位置的数据，受人力、资金制约的缺陷。为了弥补固定式检测器存在的问题，从20世纪80年代开始，美国、日本、德国、荷兰等国家相继开展了针对浮动车采集方式的研究和应用。随着GPS、GIS和无线通信技术的广泛应用，出现了基于GPS和无线通信设备的交通信息采集技术。

本节主要对各个常见的、重要的交通信息采集技术进行简要介绍，并在此基础上介绍各项技术的使用范围和优缺点等。

1.2.1 环形线圈检测技术

环形线圈检测技术是世界范围内已经十分成熟的检测技术，也是现代智能交通控制和交通管理系统的最基本的交通信息采集技术。利用环形线圈检测技术可以获取当前监控路面的交通流量、道路占有率、车辆速度等数据，以判断道路阻塞情况，然后通过外场信息发布设备发布相关信息。

环形线圈检测技术经过几十年的发展到如今已实现标准化，优点是技术成熟、易于掌握，计数非常精确，同时系统非常稳定，不受环境的影响。然而，环形线圈检测技术也存在固有的一些缺点：首先，必须在车道上开槽埋设线圈，这在实际使用时往往受到一些局限，在已经使用路面上铺装时，会引起交通严重拥堵和中断；其次，可能由于路基破坏和路面维护造成线圈损坏率较高、维护工作量和费用相对增大；再次，检测到的数据虽然精确，但相对而言还不够直观，因此环形线圈检测技术需要一些可视的监测手段来辅助。环形线圈检测技术适用范围主要是在高速公路上，而对于城市交通则不适宜单独使用。

1.2.2 交通微波传感技术

交通微波传感技术是一种广泛应用于高速公路和城市道路管理监测系统的交通微波检测技术，该项技术利用微波和高速数字信号处理技术，可同时检测多车道或检测区域内的车流量、道路占用率、车速、车长等信息，并可探测静止车辆的排队状况。该技术检测设备为微波车辆检测器，即智能交通微波传感器（intelligent traffic microwave sensor，ITMS），这是一种利用雷达线性调频技术原理，对路面发射微波，通过对回波信号进行高速实时的数字化处理分析，检测车流量、车辆速度、车道占有率和车型等交通流基本信息的非接触式交通检测器。

微波车辆检测器能够根据车辆的长度探测到行驶在多至 8 条车道的每一条车道上的车辆类型、道路占用率、车流量和车辆平均速度，所以其性价比很高。交通微波传感技术独一无二的区域检测能力可使它从多角度得到应用，而其他检测技术则很难维持这种准确性。微波车辆检测器无需开挖路面，只需在路侧安装，易于维护，且微波车辆检测器的全天候工作特性使其能够很好地适应诸如雾天、夜晚、大风等不同环境。

1.2.3 超声波检测技术

超声波检测技术是一种在高速公路上应用较多的检测技术，它是利用反射回波原理工作的。超声波检测技术的检测器由探头和控制机构成，超声波检测变送器将感应到的道路交通流信息以电信号的方式送到路口控制机，由路口控制机分析处理，得出每条车道分车型的流量、流速数据以及车道占有率、堵车时间等数据。

由于超声波检测技术设备安装采用悬挂式安装，这与路面埋设式安装

(如环形线圈检测器的安装) 相比有许多优点。首先是不需破坏路面，也不受路面变形的影响；其次是使用寿命长，可移动，架设方便。从架设、维护方便和使用寿命等方面来说，路面埋设式检测器都不如超声波检测器，所以超声波检测技术成为目前使用量仅次于环形线圈检测技术的一种检测技术。不足之处是超声波检测技术的检测范围呈锥形，受车型、车高变化的影响，特别是在道路严重拥挤的情况下，检测精度较差；另外检测精度易受环境的影响，尤其是受大风、暴雨等的影响，探头下方通过的人或物也会产生反射波，造成误检。

1.2.4 红外线检测技术

红外线检测技术主要应用于公路收费系统中，用于车辆计数、车辆分离和车型分类，此外还可以获取交通流量、车辆速度等交通信息。红外线检测器一般采用反射式检测技术和阻断式检测技术。反射式红外线检测器使用反射接收器，用来发射光束和接收反射光束，通过记录路面和车顶反射率的变化对车辆进行检测。阻断式红外线检测器由位于道路一侧的反射接收器和车道另一侧的强反射板组成，车辆通过时，反射波被切断而检测到车辆。

与其他检测技术相比，红外线车辆检测器产品技术相对成熟，安装简便，高速响应，抗干扰性强，可输出丰富的车辆数据信息，能可靠检测各种特殊车辆，且红外线检测器是具有良好应用前景的悬挂式或路侧式交通检测器。其缺点是工作现场的灰尘、雨雾会影响系统的正常工作。

1.2.5 视频检测技术

视频检测技术以视频图像为分析对象，通过对设定区域的图像进行分析，可以得到交通信息 (包括车流量、平均车速、道路占有率、车型等)。利用视频检测技术，除可以提供一般的交通统计数据外，还可进行事件检测，如交通阻塞、超速行驶、非法停车、不按道行驶、逆行等。

基于视频图像处理的交通检测技术是近年来逐步发展起来的一种新型的车辆检测方法，它具有无线、可一次检测多参数和检测较大范围的特点，使用灵活，预计将有很好的应用前景。视频检测器的安装也相对简单，可以利用道路监控摄像机或者另外架设摄像机获取道路交通视频图像，所以外场设备的费用较低。

1.2.6 基于 GPS 的浮动车采集技术

基于 GPS 的浮动车采集技术利用 GPS 实时采集浮动车的位置、速度、时间等数据，经过处理后得到道路交通信息。将安装 GPS 设备的机动车作为浮动车，基于浮动车的交通信息采集系统由车载设备、无线通信网络、基于 GIS 的交通信息处理平台等组成。车载设备主要包括 GPS 定位模块、通信模块等，GPS 定位模块接收卫星信号并运算出车辆的坐标和瞬时速度，通信模块负责将车辆坐标、速度等数据传送到交通信息中心，并接收交通信息中心发送的指令和数据。无线通信网络主要是指通信运营商提供的通信基站和数据传输服务。基于 GIS 的交通信息处理系统是指交通信息处理与分析软件系统。

基于 GPS 的浮动车采集技术具有数据精度高、采集成本低、覆盖范围广、实时性强等优点，与传统固定式检测技术相比具有明显的优势。

1.2.7 基于 RFID 的交通信息采集技术

基于射频识别（RFID）的交通信息采集技术是交通领域最新的采集技术，可以采集车辆的速度、车牌、车主信息等，采用有源标签的设备还可以和信息处理中心交换信息，完成道路交费、路线查询等功能。利用 RFID 的交通信息采集技术是车路协同新领域探索的技术支撑。以 2.45G 的基于 RFID 的速度采集技术为例，采集设备包括阅读器、计算机、定位器和标签，给目标测试车辆或行人配备射频标签，当车辆或行人经过定位装置时，激发标签，标签与阅读器进行通信，读出标签经过的时刻点，两个定位装置的读取的时刻差就是目标行程时间，行程时间结合已知定位器间的距离可以计算出对应的速度值。该技术尚处于理论研究阶段，已经有一些实验论证，实验采集设备原理如图 1-1 所示，采集行人速度的实验过程如图 1-2 所示，但是至今没有真正应用在路面交通中。实验表明，此技术可以作为替换车牌识别系统和其他传统的速度测量技术的新技术。

目前国内对于行人速度的数据采集方法主要是人工方法和基于视频图像处理的方法，人工采集方法精度低、可靠性差，视频采集需要通过处理图像来分析出行人的数据，而基于 RFID 的采集方法可以直接测得行人速度，精度高、可行性好。基于 RFID 的速度采集技术可以作为替代其他传统的测量

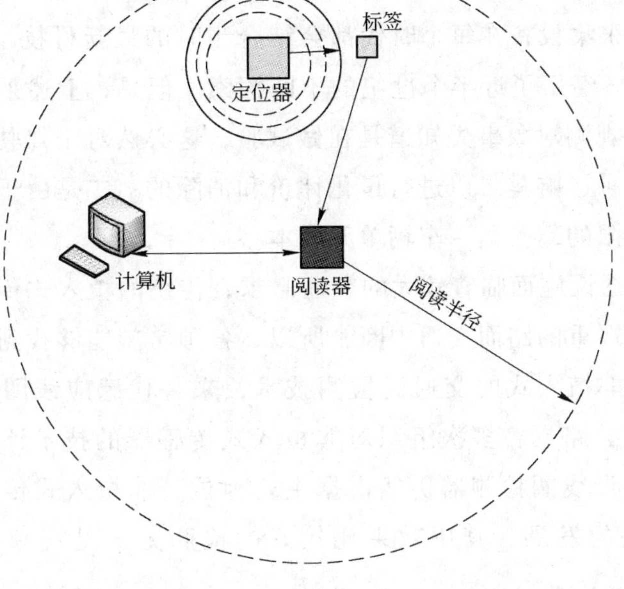

图 1-1 基于 RFID 的交通信息采集设备原理

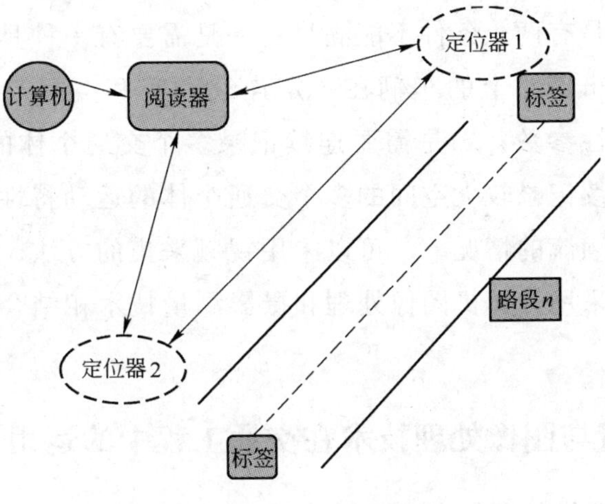

图 1-2 采集行人速度的实验过程

行程时间技术的新技术。但是，设备本身会产生一些误差，影响整个行程时间测量的准确率。另外，基于 RFID 的速度采集技术还需要进一步研究，使其能实现实时数据传输。

1.3 常用交通信息采集技术存在的问题

交通信息采集设备在每个时代都会结合当时的最新科技，机械式—光学式—雷达—GPS 经历了近半个世纪的不断探索。但是，上述采集方法都存在问题，一是被观测对象事先知道是在做试验，这必然对于驾驶行为产生一定的影响，而这种影响是难以进行量化评价和消除的；二是由于设备限制往往只能获得很有限的驾驶员 - 车辆单元样本。

现代的交通设施面临着较大的交通需求，传统的植入式传感器的安装与维护等会造成严重的路面交通中断，所以，各国希望能够找到安装在路面的上空或侧面的非植入式的交通流检测技术，来替代感应线圈检测技术。为此，美国联邦公路局曾多次组织对非植入式传感器的技术评估。就目前的状况而言，环形线圈检测器仍然占据主要地位，非植入式传感器在近几年也得到了较快的发展，其中效果比较好的检测方式是视频检测与微波雷达。

从传统的环形线圈检测到先进的红外线检测、微波检测、自动视频检测等，都没有对信号交叉口车辆的微观参数采集提供一个能够满足科学研究目的的方法。原因是有两个条件不能满足：一是需要有一种具有较为开阔的检测空间来调查城市道路上的车辆在一定连续时间和空间范围内的位移、速度、加速度等特性参数；二是需要连续记录多个交通个体的运动特征参数。因此，在既要连续记录较大空间的多个交通个体的运动特性，又要顺应非植入式传感器发展潮流的情况下，可以采用视频采集的方法，首先对检测区域进行录像，然后采用计算机图像处理和摄影测量技术相结合来获得连续的交通流微观数据。

1.4 摄影测量与图像处理技术在交通工程中的运用

摄影测量和图像处理技术已经被广泛地运用于交通工程的各个领域。这里所提到的摄影测量，一般不对图像进行模式识别或特征提取的工作，它将所获得图像利用手工处理的方式获得相应的物理坐标，完成测量；图像处理技术则是进行相应的模式识别或特征提取，采用自动化的手段来实现检测功能。

1.4.1 摄影测量在交通工程中的应用

摄影测量是通过在摄影图片的图像坐标和实际物理坐标之间建立一种相互转换的映射关系，这样就可以根据被检测物体在图片上的位置来确定它在实际空间中的位置。本书对摄影测量的讨论仅仅局限于对于交通领域研究的相关分析，而对于其他运用并不涉及。

1.4.1.1 基于航空摄影测量的应用

在摄影测量中，航空摄影测量是一个重要的分支。2000 年，美国交通部和美国航空暨太空总署与四所大学达成了合作意向，共同研究遥感技术在交通运输中的运用。亚利桑那州立大学的 Alejandro Angel 曾经对航空摄影测量在交通工程中的使用进行了详细的介绍：早在 1927 年，空中摄影就被用来观测巴尔的摩和华盛顿之间的公路交通；1972 年，Treiterer 利用直升机对交叉口的运行状态进行的摄影观测表明空中摄影能准确地捕获交叉口的运行状态；在 20 世纪 90 年代，一些咨询公司在进行大规模的大都市交通质量和延误调查时，采用了航空摄影测量的方法。Alejandro Angel 利用一架直升机进行交叉口的排队长度与延误观测，飞行高度为距地面 520m，直升机上安装了数码摄像机与照相机分别确定车辆的运动状态和车辆排队情况。

采用航空摄影测量方法的优点是：拍摄交叉口或路段交通个体运动状态时，可以基本不受遮挡，同时拍摄角度接近正垂直，有利于提高测量的精度。缺点是：成本高、相机的稳定性不足，还有拍摄时间受飞行条件（天气、风力）的限制较大。

1.4.1.2 基于近景摄影测量的应用

摄影测量的另一个重要分支是近景摄影测量。它在交通工程中最为常见的运用是进行交通事故的现场测量，其次是利用近景摄影测量来捕捉交通个体的运动轨迹。

吉林工业大学（现为吉林大学）、长安大学等通过摄影测量技术对道路交通事故现场快速测量进行了研究。对于交通事故相关的摄影测量技术运用都是对静态场所进行摄影测量，只需要采集一幅或几幅照片就可以满足检测的需要了。因此，一般处理的对象是照片而不是视频文件。当利用近景摄影测量来捕捉交通个体的运动轨迹时，就需要考虑连续地处理多幅图像上的交通个体，并将各幅照片对应的属性进行关联，才能获得物体的运动轨迹。

利用近景摄影测量来捕捉交通个体的运动轨迹的研究在国内尚处于初步应用阶段。美国堪萨斯州立大学的魏恒在其博士研究期间，采用了摄影测量的方法来建立基于摄像机图像视频的换车道行为采集模型，并开发了相应的采集软件 VEVID，该软件在通过道路上的一系列已知距离点进行标定后，可以通过鼠标来确认车辆沿某一街道前进的位置。VEVID 软件的开发为采集交通流时空连续数据提供了新的解决思路。VEVID 软件将采集空间简化为沿道路方向的一维直线，在处理沿直线道路前进的交通个体时，这种简化是可以接受的。但是，对于交叉口这样明显属于一个平面范畴的对象，该软件就无法使用了。

1.4.2 图像处理技术在交通工程中的应用

图像处理技术通过计算机提取存储在图像中的物体特性（通常反映为灰度、色彩等方面的信息）来检测被测量物体。本书采用捕捉交通个体固定特征点（例如汽车右侧前车灯等）的方法来实现对车辆行驶轨迹的跟踪、分析和车流特征参数的研究。

图像处理技术在交通工程中的运用一般可以分为三类。一类是利用图像处理进行道路交通流的流量、事件、速度、分类等方面的检测，这类研究多数都结合交通控制管理的检测器研制，成为商业产品。第二类是采用图像处理技术对交通个体运动行为进行捕捉观测（tracking），这类研究目前主要处于实验室研究阶段，还没有成型的软件与产品可供选择。第三类是研究采用模式识别技术进行汽车牌照识别。下面分别介绍三类检测技术的国内外应用和发展现状。

1.4.2.1 采用图像处理技术对交通流的检测

针对交通流检测的图像处理技术主要包括流量统计、速度检测、排队检测、事件检测、车辆分类等。本小节主要介绍国内外采用图像处理技术进行交通流检测的尝试和应用。

20 世纪 80 年代后期，在美国以及其他国家开始出现视频图像检测系统，并希望它能成为感应线圈的替代品。1990 年，加州理工大学开始对 10 种商业化或商业产品原型的视频检测系统进行测试。结果表明，在理想的条件下，视频检测系统的速度、流量误差在低流量、中等流量和高流量下的检测误差不高于20%，而车辆间相互遮挡，环境光线的变化，高密度、缓慢运动的交通流都会降低检测精度。因此，一般来说，视频图像检测系统具有检测领域广泛、效果直观的优点，但由于这项技术自身的缺陷，并不能完全替代感应线圈检测器。

目前在市场上最具有代表性的产品是美国 Image Sensing Systems（ISS）公司生产的 AUTOSCOPE 视频检测系统，它的第一代产品形成于 1989 年，1992 年实现了全天候检测。到 2002 年止，在欧洲、美洲、亚洲许多国家已有超过6000 套的 AUTOSCOPE 视频检测系统在运行。它主要能够提供的交通流信息有机动车流量、机动车速度、道路占有率、机动车分类以及排队长度。AUTOSCOPE 视频检测系统的基本工作原理如下：首先采用摄像机获得检测区域的视频图像，将视频图像转化为数字化的连续图片序列。然后利用计算机软件来读取图片序列，在视场的某一个位置人为标记上一个“检测器”，利用图像处理技术将该检测器处的图像特征值（如灰度值）提取出来，计算相邻两帧图像之间的检测器区域的图像帧差，如果该特征值发生明显变化并达到某一预定的阈值，则认为该时刻有运动物体进入或离开检测器区域，如同感应线圈检测器在车辆通过时形成的脉冲一样，图形处理技术也可以将特征值变化的脉冲捕捉下来，并通过阈值控制从而获得车辆通过事件的确认。在已知距离的两个位置上设定检测器，利用通过时间差与距离之比则可以获得车辆的速度信息。如果在一定区域内设置一个或多个检测器，则可以获得车辆的排队长度信息。

西门子公司也推出了基于图像处理技术的自动道路交通事件检测信息系统 ARTEMIS（STCL Automatic Road Traffic Event Monitoring Information System），它通过计算机系统对闭路电视的图像处理来检测交通流事件（例如拥堵、瘫痪或事故），并提供相关的统计数据。

国内对于采用上述原理进行交通流信息采集的研究也很多。杨树长等人利用背景差分方式对交通流进行实时图像处理，用精简指令集计算机（RISC）作为主处理器，建立了实时交通流检测的实验装置，在实际道路的交通流量测量中获得了高达95%的测量精度。类似的研究还有魏武利用帧差法进行交通流检测；黄爱民利用图像处理结合神经元网络进行收费站处车辆分类；胥健提出的基于二维时空图像分析的车辆检测和分割方法等。

1.4.2.2 采用图像处理技术对交通个体运动行为的捕捉观测

采用图像处理技术对交通个体运动行为捕捉观测所采用的方法与交通流检测中所采用的方法并没有本质的区别，只是前者关注于交通个体在整个采集区间内的运动轨迹记录，而后者则关注于对“检测器”或“检测区”（如排队长度）局部的图像信息变化。

在图像处理技术中，对运动物体进行识别的方法大致可以分为两类，即特征识别法和基于运动的识别法。

（1）特征识别法包括两个主要步骤：一是从相继两幅或多幅不同时刻的图像中抽取特征（如角特征点、特征线等），建立对应；二是依据这些特征之间的对应来计算物体的结构（形状、位置等）和运动。其优点是可以获取三维运动信息，对目标运动速度无限制，主要难点在于确定和提取特征。

（2）基于运动的识别法把运动作为目标的首要特征，常用的方法是光流法、帧差法和减背景法。光流法建立在光流方程的基础上，分割结果依赖于光流场计算的精确性，其计算量非常大。帧差法常见的形式是计算帧间图像像素间的偏差，由此得到由变化核心区（涉及两帧的运动物体像素）、被消除覆盖区（因物体运动而显露的背景）和被覆盖区三部分组成的变化区域，结合当前帧或下一帧的信息区分出三种不同的变化，通过阈值来找出运动的区域，检测出目标。减背景法通常用当前帧与背景相减得到目标物体，这一领域的研究可以划分到计算机视觉研究的范围内，而且从现有的国内外研究来看，很多研究着眼于自动车辆驾驶系统与机器人视觉。

韩国的 Jong Bae Kim 等人采用两阶段法进行交通流个体运动检测，在第一阶段检测运动时采用了自适应阈值，在运动分割（motion segmentation）阶段采用了基于区域的 k 均值聚类分析方法。其论文附带的处理图片显示了该方法良好的检测能力，能够检测到不同场景、不同运动速度的交通个体。

美国得克萨斯 A&M 大学的 N. Kehtarnavaz 利用得州仪器的 TMS320C40 数字信号处理芯片（DSP）建立了交叉口行人实时检测的方法。他进行研究的目的是为交叉口的感应控制提供检测等候的行人数量的方法。在其研究中采用了背景修正技术和背景差分技术，背景修正技术能够使得该算法适应检测环境的光线改变，而背景差分技术则能够提供运动物体的检测。根据从早上

8 点到晚上 8 点在交叉口的实际检测结果来看，能检测到 90% 以上的在交叉口出现的行人。

加州大学伯克利分校的 Benjamin Coifman 等人进行的研究提供了实际车辆运动轨迹。Coifman 针对现有检测系统对车辆相互遮挡、外界光线变化以及阴影等造成检测精度下降的问题，开发了一个可以适应上述变化的基于车辆特征的跟踪捕捉（tracking）算法。该方法对车辆特征而不是整个车辆进行检测，这样就具有检测车辆间部分遮挡的能力。在完成车辆特征检测以后，将不同特征的运动图像块进行了分组，运用普通的运动约束方法就可以得到单个车辆的运动轨迹。当然，在图像上运动的物体还需要通过坐标变换的方法来将透视投影转化为中心正投影，以获得实际的物理坐标，从而确定运动轨迹。坐标变换与车辆特征分组参见图 1－3。车辆运动轨迹检测结果如图 1－4 所示。从图 1－4 所示的结果来看，该系统能够检测到大部分的车辆运动轨迹，可是也有误检和漏检的车辆出现。误检一般是由于将测量特征进行分组时将同一车辆的特征点误分为两辆车，漏检则是因为没有捕捉到车辆运动特征。

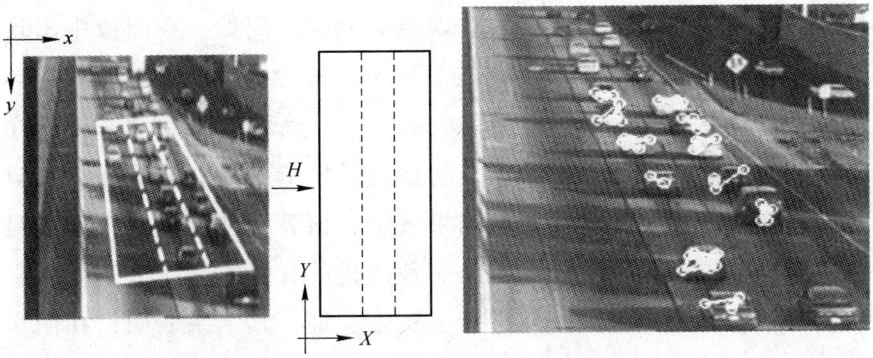

图 1－3　坐标变换与车辆特征分组

荷兰代尔夫特理工大学（Delft University of Technology）的 Serge P. Hoogendoorn 对行人的行为进行了持续的研究，采用摄像机进行行人运动轨迹的捕捉。他在测试场上安装摄像机，实验人员戴着特定颜色的帽子，按照预定的路线通过测试场。摄像结果通过图像处理技术进行模式识别，将每一个人戴的帽子通过特征提取得到，然后根据帽子在图像中的运动轨迹转换后得到实际每一个人的运动轨迹。实验结果证实该方法是有效的。

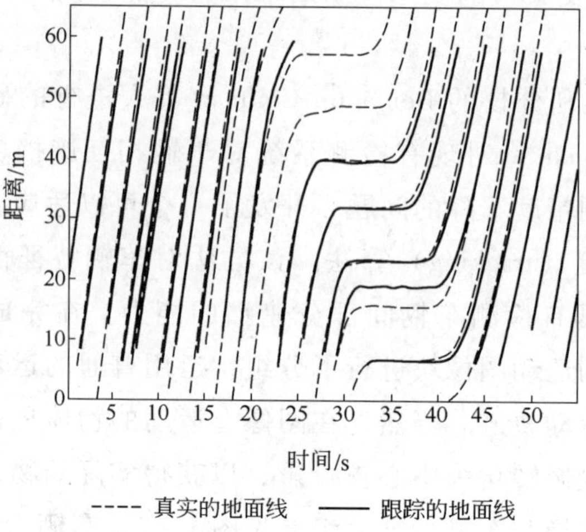

图 1-4 车辆运动轨迹检测结果

日本的 Teknomo Kardi 采用摄像机建立了行人行为的采集方法。他所建立的系统包括图像处理、行人跟踪和交通流计算三个模块，最后得到行人的交通流特性参数以及行人的运动轨迹。该方法完成了实验室分析，在实际的交通环境中，发现还有很多因素会导致误检和漏检。例如，在图像中出现移动的其他物体（如风吹动的纸袋、树枝等）都将被检测为行人。

国内学者也在这一领域进行了积极的探索。尚斐等人用动态图像序列分析减背景法检测高速公路上的汽车，初始背景用卡尔曼滤波更新，能自适应环境光的慢变，跟踪实际交通图像结果表明，该算法性能良好，能满足交通管理的实时性要求；蒋刚毅等人提出一种改进的背景差法，以消除阴影的影响，提高车辆检测的准确性，并进行了实验验证，其结果表明，在阴影变化的环境中能实时提取交通信息，其报道的车辆检测准确率达 98% 以上，优于背景差法和边缘检测法。

上述研究都着重对微观的交通流进行检测，从传统的线圈检测器到现在视频检测器的使用，说明了研究人员对微观交通流研究的热衷。但是到目前为止，这些研究都存在着一些不足：不能够同时跟踪检测多个物体的运动轨迹，被检测物体与整个画面相比过小，检测物体纹理的记录也较差，光线条件不理想或发生较快的变化、物体之间出现相互遮挡、摄像机镜头在实际检测环境中由于风力或震动引起的抖动等因素也加剧了物体识别的难度。

1.4.2.3 采用模式识别技术对汽车牌照的识别

对目前使用的一般车牌识别系统的挑战是成本效益问题和提取车牌信息的准确性。目前，大多数系统依赖人力审查图像，输入地区和车牌。这一劳动密集的方法，让图像识别和数据输入不正确的可能性增加。

最新实现的汽车牌照识别系统是基于视频的系统，利用图像数字化采集、电子存储和远距离传输，系统得到数字化图像。汽车牌照识别系统允许视频检测系统自动确定图像中车牌的位置，读取车牌号码、国家，并将其信息存储。这样可以减少处理违规过程中需要的人工干预。这种方法通常需要在各车道装备一个摄像头。

用模式识别技术进行自动车牌识别的主要问题是误差问题。该技术本身没有问题，而车牌设计、发放和使用时会产生固有的问题。以下这些问题会导致误差：

（1）缺乏统一的车牌标准。

（2）车牌脏污、损坏和遮挡。

（3）车牌安装不正确或丢失，使用临时车牌标签。

（4）补充照明系统并非对所有车牌（例如，有塑料封面的车牌）都有效。

（5）车辆设计和车牌位置的差异。

（6）不能明确地分辨模糊的和相似的字母或数字（如字母O和数字0）。

由于这些因素，车牌识别系统通常需要人工干预来阅读图像和确认结果。为了提高整体识别水平，出现了一些方法，如车牌识别系统同时运行几个图像，进行多重图像的捕获。如果车牌识别系统通过多重图像得出相同的车牌信息，则数据的置信度有所提高，可能也不再需要人工审查了。

第2章　交通近景摄影测量系统

在交通系统中，不仅需要关注交通流整体的宏观特性规律，而且需要关注单个交通个体，进而描述各类交通个体在特定交通环境中的微观行为，从而达到再现或预测交通流个体在某种交通管理措施下或交通环境中行为的目的。因此，不仅需要对单个交通个体的运动特性或行驶特性进行采集，而且还需要同时观测多个交通个体的微观行为及其特征参数，如一队机动车或自行车或行人的位移、速度、加速度、反应时间等，这不同于统计意义上的流量、平均速度、密度等宏观特性。通过使用交通近景摄影测量系统，可获得单个交通个体或多个交通个体特性相关的数据。

2.1　交通近景摄影测量技术介绍

2.1.1　近景摄影测量方法

按照应用方法，近景摄影测量方法可以分为模拟法近景摄影测量、解析法近景摄影测量以及数字近景摄影测量（又称实时摄影测量）三种。

模拟法近景摄影测量的产品形式比较单一，一般仅有等值线图、轮廓图、剖面图、像片图等。这些产品一般是仅处理测量用摄影机所摄像片，精度有限。但模拟法生产过程直观，易为测绘部门所接受。模拟法在古建筑摄影测量中得到相对广泛的应用，而在测试人类躯体或动物躯体等值线图及其他领域的应用实例为数不多。模拟法近景摄影测量设备主要是各类立体测图仪和纠正仪。

解析法近景摄影测量的主要设备是坐标测量装置和电子计算机及其附属设备。该方法一般需要较高的技术，耗资较多，但是由于它有种种模拟法无可比拟的优点（例如产品多样、非测量用摄影机的使用、相对控制的应用可能性、非中心投影像片的处理、系统误差的改正、多影像大规模数据的整体处理、动态目标的影像处理，特别是模拟法所不可及的精度和灵活性），所以在国民经济各领域的各个方面都有其应用实例，特别是在工业摄影测量方面。

数字近景摄影测量是为其他学科的科研与生产服务的非接触性测量手段，它对于那些难以接触的物体（包括动态物体）是特别适用的，这也是此种测量手段近年来得到一定程度发展的主要原因。但是，也不能不看到：模拟法近景摄影测量技术和解析法近景摄影测量技术本身需要昂贵的仪器和训练有素的技术人员，而且在数据获取（即摄影底片的拍摄与处理）与给出最终成果（模拟或解析处理）之间还有一个时间滞差。而实时摄影测量技术（数字近景摄影测量技术的一种）却能提供一种兼顾了速度与精度的手段，它是一种响应时间为一个视频周期（如1/30s）的非接触式的三维测量技术。实时摄影测量系统一般包括：一个或两个动态摄像机（获取影像的电信号）、频数转换装置（将电信号数字化）、数字图像处理设备（某种影像处理器，从而在高速下实现影像的改善，其中包括影像增强、边缘探测、特征提取、同名点识别以及有关的摄影测量计算）、控制装置和各种输出设备（包括监视器、打印机、显示屏幕、绘图机等）。

2.1.2　近景摄影测量设备

近景摄影测量设备包括图像获取设备、图像处理设备以及摄影测量处理设备。

2.1.2.1　图像获取设备

图像获取的任务是取得所摄目标的反射光能，并转换为计算机可接收的影像数据。图像获取设备包括照明设备、激光器、物镜、放大镜、传感器、滤波器、模数转换装置与时间装置等，所使用的摄像机可以分为如下两类。

第一类是以真空管技术为基础的光导摄像管摄像机。它通过电子束扫描光敏元件而产生影像。这类摄像机的缺陷是其扫描光束有随时间漂移的趋向，真空管有可能常常需要更换而且摄影机庞大。由于这类光导摄像管摄像机有不可避免的几何畸变，所以它们不会在精确的实时摄影测量中起很大作用。

第二类是以半导体技术（固态摄影机）为基础，其中的大多数是1970年出现的电荷耦合器件（CCD）。CCD由一些规则排列的光敏元件（传感器）组成，这些元件可能是金属氧化物半导体（MOS）或光电二极管，落在每一元件上的光能，产生一个与汇集起来的光强成比例的电荷。这些电荷在电容器中得以积累，然后从阵列摄影机转送到放大器，输出电压影像。这些实为模拟量的电压值随后经过模数转换器（A/D）转为离散数据，以进行计算机的处理。

CCD 摄影机是与数据硬件以及处理系统兼容的。它具有体积小、轻便、耐久、实际维护方便以及较光导摄像管摄像机更高的抗震能力等优点。更为重要的是，就状态及灵敏度而言，传感器可长期稳定。这意味着摄影机是可以检定的，这一点显然很有意义。

CCD 摄影机焦平面的几何精度在于这些光敏元件的几何位置精度。每一个光敏元件相当于一个传感元，它记录一个单一的灰度值，形成一个像元素，诸元素合成为一张影像。市场上的各类 CCD 摄像机和 CID（电荷注入器件）摄像机的尺寸差别很大，一般是 250×250 个像素。

CCD 摄像机的一个极大的优点是各元素的几何稳定性。每个像元的位置是不变化的，所以不需要框标来确定摄像机的内部相关位置，而光导摄像管摄像机由于必须使用感光材料，所以存在底片变形、底片压平等问题。

2.1.2.2 图像处理设备

图像处理的目的是改善图像的物理特性与几何特性。图像处理步骤中包括有噪声衰减、图像增强、影像分割、特征提取和目标识别。为了提高处理的速度，这些步骤一般都由软件嵌入后形成的专用硬件完成。

影像噪声是由于摄影环境的复杂性以及摄影系统光电过程中的不确定性产生的。图像增强是为了强调一些重要特征（如目标点或边缘线），并遏制其他特征。影像分割，一般是对影像灰度做二值分割（即生成没有过度灰度的只有黑白两阶影像），以利于提取标志点的特征。特征提取的目的是确定特征点的几何边缘。目标识别是为了从其他的白斑中辨认出描述目标的某些白斑，并对每个白斑计算其特征参数。

2.1.2.3 摄影测量处理设备

摄影测量处理是在具有像点坐标的基础上进行对应像点的匹配（相关），然后按照常规的摄影测量处理方法，求解特征点的空间坐标。一般来说，实时摄影测量中常用的算法是后交-前交法、带有附加参数的光线束法和 DLT 法。摄影测量处理设备是某种阵列处理器、微处理器和专用固化硬件的组合。

2.1.3 近景摄影测量精度

决定近景摄影测量精度的主要因素有：成像系统的分辨率、几何畸变以及各种噪声。

成像系统的分辨率是指成像系统对空间光学图像的最小细节的分辨能力，一般用图像物面分辨率或成像系统角分辨率来衡量。对于具体的测量对象，可以通过提高摄像机分辨率的途径来提高图像物面分辨率。而对于摄像机分辨率一定的成像系统，只能通过减小拍摄现场的方法来提高图像物面分辨率。因此可见，摄像机分辨率是直接与成像系统分辨率有关的一个重要指标。所以选择高分辨率的好摄像机是一个重要的因素。

几何畸变主要指图像中目标在几何位置上的误差。成像系统的几何畸变误差主要指成像系统不能使图像与实际景物在全场严格满足针孔成像模型(或中心投影关系)，使中心投影射线发生弯曲。产生几何畸变误差有以下几个原因：

(1) 透镜像差；

(2) 感光像元排列误差；

(3) 透视误差。

成像系统的几何畸变误差是多种误差的组合，是一种典型的系统误差，是影响光学测量精度的最重要的因素之一。

成像系统的噪声是指图像在成像、数字化和传输等过程中难免会有各种干扰，形成噪声。这些噪声使得图像上像素点灰度值不能正确反映空间物体对应点的光强值，也就降低了成像的质量。

摄像机产生的噪声是成像系统中的主要噪声。另外，对于视频输出摄像机和图像采集卡组成的成像系统，视频信号数字化过程产生的像素抖动误差也是一个重要的噪声来源。

在通常进行交通运动物体的摄影测量中，一般采用非专业测量用摄像机进行测量，因此应当考虑物镜畸变。

通过试验对不同的畸变误差形式进行了分析，同时考虑到标定点的个数将影响后期实际现场采集工作的强度，因此针对标定点个数对精度的影响也进行了分析。

对于畸变误差进行了下列三种情况的试验：

（1）不考虑光学畸变误差的情形；

（2）考虑 Tsai 的万能标定法测量的二阶分量；

（3）Tsai 的万能标定法测量的四阶分量。

上述试验结果表明，无论采用何种模型，实际距离与标定距离误差都符合交通运动物体信息采集的要求。因此，可以直接采用不考虑畸变的标定模型来进行图像的采集。

2.2 交通近景摄影测量系统介绍

2.2.1 交通近景摄影测量系统组成

交通近景摄影测量系统由摄像机、皮尺（激光测距仪）、计算机、分析处理软件组成。

2.2.1.1 摄像机

摄像机是用于记录交通流现场情况的媒体，它获得的视频图像质量将对测量的精度产生重大的影响。根据在摄影测量中的运用，摄像机也可以分为测量用摄像机和非测量用摄像机。测量用摄像机是为摄影测量目的而设计制造并严格校验的摄影设备，带有框标，摄影机内方位元素稳定，加工精度高、图像变形小。而非测量用摄像机内方位元素未知，不带框标，但是价格低廉，比较普及，携带方便灵活。介于测量用摄像机和非测量用摄像机之间，还分出一种称为半测量用摄像机。这种摄像机设置有玻璃网格板，能够校正因底片变形而引起的像素误差，但是机内没有内方位元素记录，因此称为半测量用摄像机。

数码相机随着其分辨率的提高而在摄影测量中得到了大量的运用，而高品质的数码摄像机的出现使得测量运动物体成为可能。随着电子技术的发展，特别是电荷耦合器件（CCD）加工技术的提高，数码摄像机已经成为摄像机的主流与发展方向。先进的电子技术使得高质量的图像获取已经不再成为昂贵的专业摄影设备的专利。以电荷耦合器件（CCD）为代表的数码固态摄像机具有全固化、体积小、重量轻、不受电磁现象干扰、像元几何位置精度高、无需框标以标定内方位元素坐标系、无需标准格网以改正底片变形等优点，特别是生成的视频信号可以数字方式存储或直接与计算机相连实现在线作业，实现数字（而不是数字化）摄影测量乃至实时摄影测量。但是，数码固态摄像机与测量相机相比又有芯片像幅小和分辨率有限的明显缺陷。因此在进行摄影测量时应考虑选择分辨率高、图像变形小的摄像机。

本书试验采用的是3CCD的数码摄像机。该摄像机采用3个38万高像素CCD影像感应器并应用HAD（Advanced Hole Accumulation Diode）电子画质提升技术。3CCD的摄录放一体机是通过特有的三棱镜把光线分解为3种颜色（红、绿、蓝），然后经过三块独立的CCD影像感应器处理，确保达到高解像度及精确的色彩重现效果。3CCD影像感应器可以原封不动地显示影像的原色，不会因经过摄像机演绎而出现色彩误差的情况。因此3CCD摄像机的色彩饱和度及解析度比一般单CCD摄像机高很多。同时，该摄像机还能提供数码摄录系统530线水平解像度，配备超级光学防抖系统和配备隔行（interlaced）及逐行（progressive）两种影像扫描拍摄模式，这些特征都有助于在摄影测量时获得稳定、高清晰度的图像。

2.2.1.2 皮尺（激光测距仪）

皮尺主要用于测量标定点的距离，从而为标定整个检测区域的坐标服务。本书中使用的是长城牌30m长的皮尺，测量精度±1cm。还可以使用激光测距仪来标定已知点坐标。常用的是一种体积小、易操作的手持激光测距仪，通过简单的键盘操作即可精确测量出距离、面积及体积。它的测量精度为±3mm（标准，最大为±5mm），测量距离为0.2~200m。

2.2.1.3 计算机系统

采用普通计算机，基本配置为：CPU主频2.8G；Intel 82865G集成显示卡，512M内存；IEEE1494卡；硬盘200G；软件平台为Windows XP。

2.2.1.4 分析处理软件

分析处理软件应该根据不同的数据需求进行选取，本书以某软件为例进行说明。

该软件分析系统可方便应用于分析生物运动，能够方便准确地得到运动目标的速度、加速度、位移等变化值。由于交通系统可以抽象为不同类型的运动物体，因此可以借助这个视频分析平台，对交通系统中的运动对象进行视频分析，进而对交通个体的行驶轨迹进行跟踪和分析。该软件具有下面的特点：支持Windows98/2000/XP操作系统；友好的用户界面、便捷的项目和数据管理；鼠标拖拽式操作，使用非常方便和容易；可以和多种软件兼容匹配，系统分析的数据可以以文本格式输出，应用于其他的电子表格软件进行进一步的处理分析。

2.2.2 交通近景摄影测量系统使用步骤

交通近景摄影测量系统在使用过程中，遵循以下六个步骤进行。

（1）系统应用前的准备工作。这一部分包括摄像机的选取、皮尺（激光测距仪）的准备、计算机的准备、分析处理软件的安装与学习。

摄像机的选取应根据具体的观测目的而定，例如，如果观测对象所需的精度不要求很高或是拍摄点地理位置较好的情况下可以选择一般像素的摄像机，如果需要研究目标物体较细节的动作或是由于拍摄地点的地理环境限制需要在较远或较高的地点拍摄时需要选择较高像素的摄像机，另外如果拍摄时间较长时，应准备电量较足的电池以避免在更换电池过程中对摄像机的拍摄角度造成影响，进而影响系统精度。

（2）确定观测对象。根据不同的观测目的，选取所研究问题的观测对象，例如，如果研究信号交叉口汽车的行驶轨迹，需要确定所研究的交叉口的类型、选定类型交叉口所需要的样本量以及根据地理环境和几何尺寸选定交叉口，进而确定拍摄过程中摄像机的拍摄点。具体选取交叉口时要求交叉口没有特殊的地理影响因素，如坡度、视距阻碍，即选择无明显坡度，无视距阻碍，同时周围具备可以拍摄的高点，例如人行天桥或高楼等的交叉口。

选择拍摄和观测地点的具体步骤如下：

1）观察交叉口是否符合数据采集要求；

2）观测交叉口现有标志物，如停车线、人行横道线和机非隔离设施等，并考虑如何在交叉口添置标记点和标线，以便于标定距离或标定坐标；

3）确定拍摄地点和拍摄视角，要求既能覆盖所要研究的混合交通流的行驶情况，又要使现场的标志物在拍摄的视频上能分辨清。

（3）采集观测对象基本信息。对选定的交叉口，根据不同分析软件的要求，采集不同的基本信息。例如在应用某软件时，需要根据该软件坐标系统标定的不同方法采集不同的交叉口几何信息。例如，如果将坐标系统的标定方法选为“四点标定”，则需要在采集交叉口基本信息时选择可以覆盖交叉口范围的四个点，然后分别测量出其坐标，以便在利用软件对视频分析时进行系统的标定。

在选取标定信息后，需要选择合适的地理位置对交叉口进行录像，摄像机尽量放置在实测交叉口的天桥或附近的高楼上，保证有比较好的拍摄角度和视野。在拍摄过程中，要求拍摄视角能覆盖所要研究的交叉口观测对象的运行状况且在拍摄过程中画面不中断，例如，要研究信号交叉口处自行车交通流的特性，路口拍摄以采集平面交叉口自行车交通流特性数据为重点，拍摄时应保证能覆盖自行车流通过交叉口的整个过程而不只是一部分，如果自行车交通流的行驶情景不能在一个视角中覆盖，可以采用多个摄像机同时拍摄不同的区间范围（保证时间上的一致性和连续性）。

（4）系统精度验证。交通近景摄影测量系统在应用过程中要针对选用的不同分析软件进行系统的应用精度验证，精度验证过程参见 2.2.3 节。

（5）利用处理分析软件对视频进行分析，提取相关数据。通过摄像机在交叉口实地采集的视频数据只是原始资料，因此需要对视频数据进行信息分拣和析取，以获取研究所需数据。可以选择进行实时视频分析或者选择将视频先存储后分析两种手段。以后者为例介绍。首先，需要将存储在磁带上的大量视频影像资料进行数字化（利用非磁带录像机时不需要此步），即将其转化为某种可处理的多媒体文件，存入计算机硬盘中，然后再使用合适的软件进行分析处理。

采集完视频后，将视频加载到视频软件中，利用软件对视频进行分析，输出分析结果。视频软件能得到分析对象的坐标、速度、加速度等信息。现以实际交叉口录像分析为例说明分析视频的流程，列出了在分析过程中的主要操作界面。

图 2－1 所示为实际采集并加载入分析软件后的交叉口视频资料。加载完毕后，需要对录像进行坐标轴的标定，首先选择坐标系的标定方法，本例中选择“四点标定”，即需要输入在交叉口基本信息采集时采集到的四个点的坐标，如图 2－2 所示。

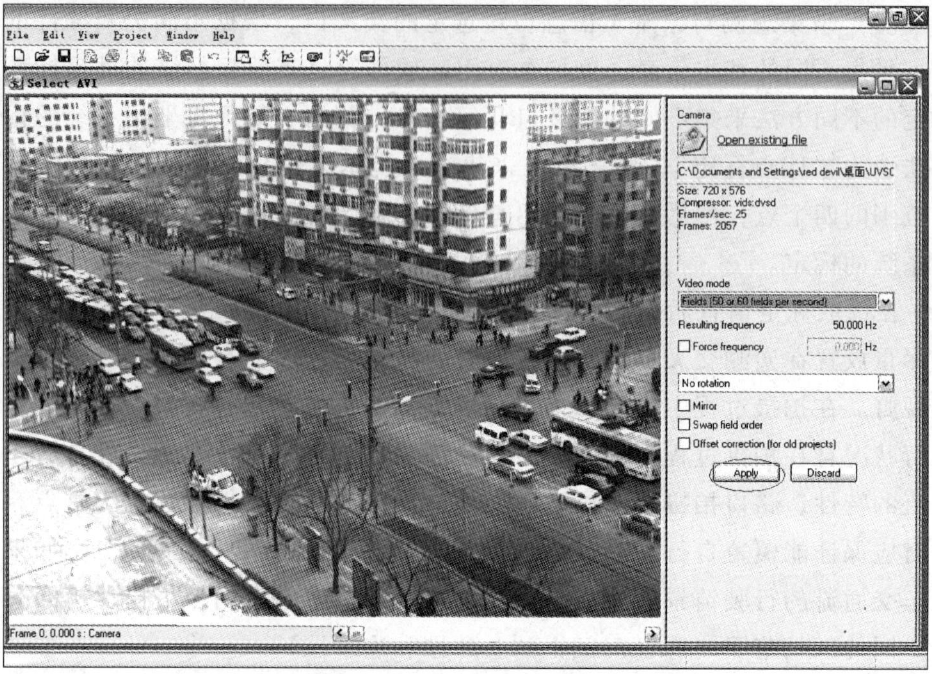

图 2－1 录像加载界面

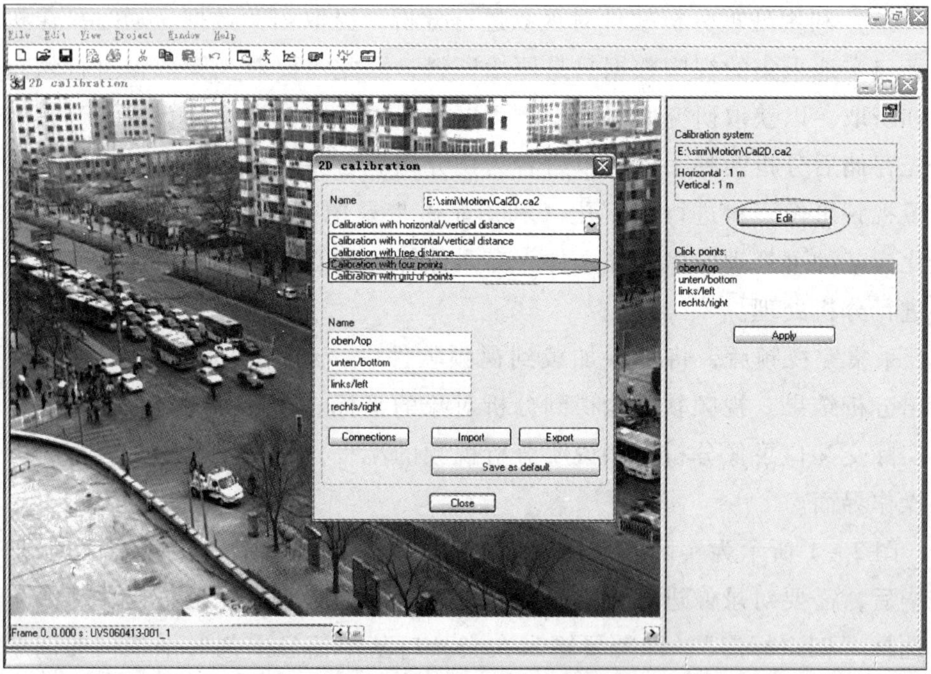

图 2－2 坐标系标定选择界面

一般四个坐标点的确定方法为：将摄像机角度与焦距调整好后，在摄像机画面中选择可以覆盖研究画面范围的四个点，一般是交叉口的四个角点。注意选择的四个点应该在视频画面中比较好辨认。选定点后利用皮尺（或激光测距仪）测量四个点的坐标，一般可设定一个点为坐标原点（0，0），然后分别选择 x 轴与 y 轴上的一点（x，0）、（0，y）。本例中选择四个点的坐标为（0，0）、（0，40）、（40，0）、（40，40）。坐标输入界面如图 2－3 所示。确定后的坐标效果会显示在视频画面上，如图 2－4 所示。

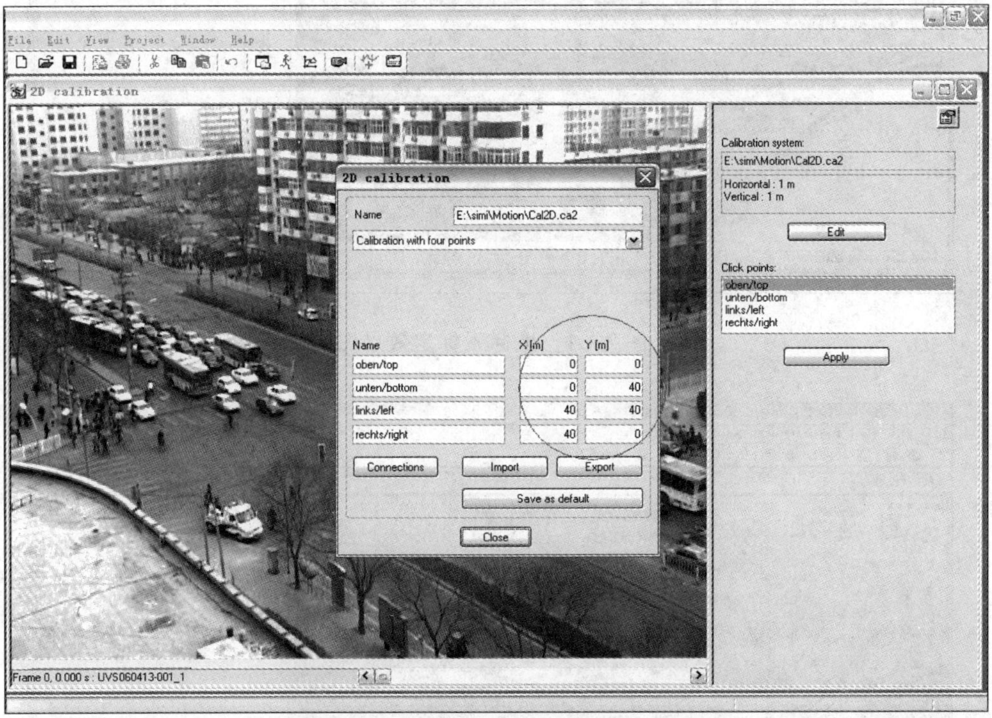

图 2－3 坐标输入界面

坐标系标定完成后需要对视频进行轨迹分析，图 2－5 所示为轨迹标定界面。

对车辆进行标定后，需要对车辆的标定数据进行拟合处理。图 2－6 所示是数据拟合界面。

对车辆标定数据进行拟合后，需要将最终的数据进行输出，以便对数据进行下一部的分析处理，图 2－7 所示是软件的数据输出界面。软件的输出文

图 2－4　坐标系标定效果图

图 2－5　轨迹标定界面

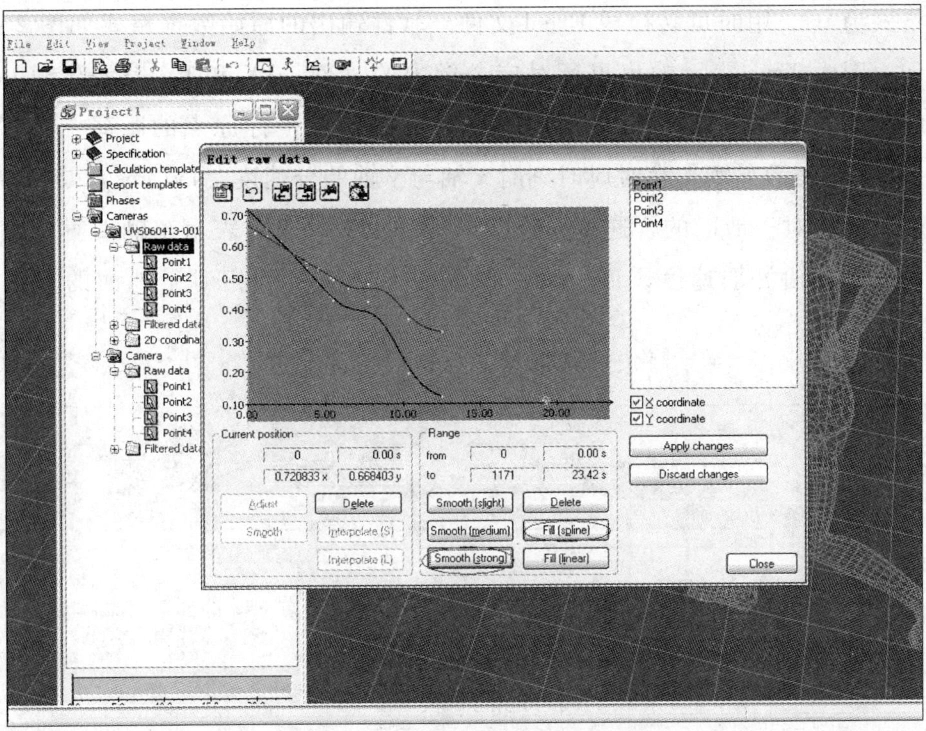

图 2－6 数据拟合界面

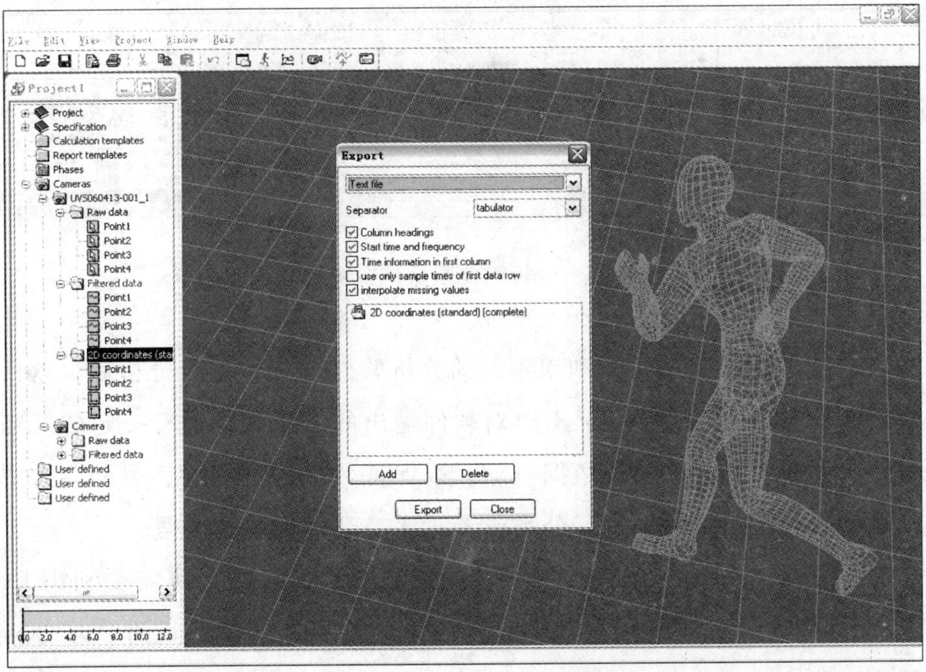

图 2－7 数据输出界面

件格式为txt，用时可转换成Excel文件。软件输出的原始数据格式如图2－8所示。图中Time表示输出点所对应录像中的时刻，1X和1Y表示车辆1在对应时刻的坐标，1Length表示车辆在对应时刻离坐标原点的距离，1v(X)和1v(Y)表示车辆1在对应时刻时x轴与y轴的分速度，1v(abs)是车辆1对应时刻相对于地面的合速度，1a(X)和1a(Y)表示表示车辆1对应时刻在x轴与y轴的加速度，1a(abs)是车辆1对应时刻相对于地面的合加速度。

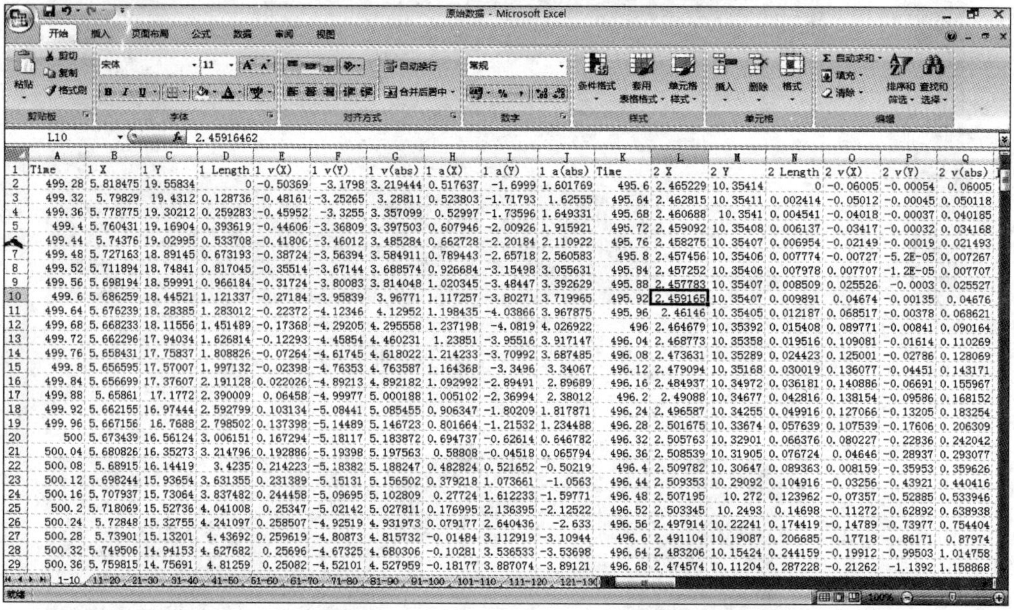

	A	B	C	D	E	F	G	H	I	J	K	L	M	N	O	P	Q
1	Time	1 X	1 Y	1 Length	1 v(X)	1 v(Y)	1 v(abs)	1 a(X)	1 a(Y)	1 a(abs)	Time	2 X	2 Y	2 Length	2 v(X)	2 v(Y)	2 v(abs)
2	499.28	5.818475	19.55834	0	-0.50369	-3.1798	3.219444	0.517637	-1.6999	1.601769	495.6	2.465229	10.35414	0	-0.06005	-0.00054	0.06005
3	499.32	5.79829	19.4312	0.128736	-0.48161	-3.25265	3.28811	0.523803	-1.71793	1.62555	495.64	2.462815	10.35411	0.002414	-0.05012	-0.00045	0.050118
4	499.36	5.778775	19.30212	0.259283	-0.45952	-3.3255	3.357099	0.52997	-1.73596	1.649331	495.68	2.460688	10.3541	0.004541	-0.04018	-0.00037	0.040185
5	499.4	5.760431	19.16904	0.393619	-0.44606	-3.36809	3.397503	0.607946	-2.00926	1.915921	495.72	2.459092	10.35408	0.006137	-0.03417	-0.00032	0.034168
6	499.44	5.74376	19.02995	0.533708	-0.41806	-3.46012	3.485284	0.662728	-2.20184	2.110922	495.76	2.458275	10.35407	0.006954	-0.02149	-0.00019	0.021493
7	499.48	5.727163	18.89145	0.673193	-0.38724	-3.56394	3.584911	0.789443	-2.65718	2.560583	495.8	2.457456	10.35406	0.007774	-0.00727	-5.2E-05	0.007267
8	499.52	5.711894	18.74841	0.817045	-0.35514	-3.67144	3.688574	0.926684	-3.15498	3.055631	495.84	2.457252	10.35406	0.007978	0.007707	-1.2E-05	0.007707
9	499.56	5.698194	18.59991	0.966184	-0.31724	-3.80083	3.814048	1.020345	-3.48447	3.392629	495.88	2.457783	10.35407	0.008509	0.025526	-0.0003	0.025527
10	499.6	5.686259	18.44521	1.121337	-0.27184	-3.95839	3.96771	1.117257	-3.80271	3.719965	495.92	2.459165	10.35407	0.009891	0.04674	-0.00135	0.04676
11	499.64	5.676239	18.28385	1.283012	-0.22372	-4.12346	4.12952	1.198435	-4.03866	3.967875	495.96	2.46146	10.35405	0.012187	0.068517	-0.00378	0.068621
12	499.68	5.668233	18.11556	1.451489	-0.17368	-4.29205	4.295558	1.237198	-4.0819	4.026922	496	2.464679	10.35392	0.015408	0.089771	-0.00841	0.090164
13	499.72	5.662296	17.94034	1.626814	-0.12293	-4.45854	4.460231	1.23851	-3.95516	3.917147	496.04	2.468773	10.35358	0.019516	0.109081	-0.01614	0.110269
14	499.76	5.658431	17.75837	1.808826	-0.07264	-4.61745	4.618022	1.214233	-3.70992	3.687485	496.08	2.473631	10.35289	0.024423	0.125001	-0.02786	0.128069
15	499.8	5.656595	17.57007	1.997132	-0.02398	-4.76353	4.763587	1.164368	-3.3496	3.34067	496.12	2.479094	10.35168	0.030019	0.136077	-0.04451	0.143171
16	499.84	5.656699	17.37607	2.191128	0.022026	-4.89213	4.892182	1.092992	-2.89491	2.89689	496.16	2.484937	10.34972	0.036181	0.140886	-0.06691	0.155967
17	499.88	5.65861	17.1772	2.390009	0.06458	-4.99977	5.000188	1.005102	-2.36994	2.38012	496.2	2.49088	10.34677	0.042816	0.138154	-0.09586	0.168152
18	499.92	5.662155	16.97444	2.592799	0.103134	-5.08441	5.085455	0.906347	-1.80209	1.817871	496.24	2.496587	10.34255	0.049916	0.127066	-0.13205	0.183254
19	499.96	5.667156	16.7688	2.798502	0.137398	-5.14489	5.146723	0.801664	-1.21532	1.234488	496.28	2.501675	10.33674	0.057639	0.107539	-0.17606	0.206309
20	500	5.673439	16.56124	3.006151	0.167294	-5.18117	5.183872	0.694737	-0.62614	0.646782	496.32	2.505763	10.32901	0.066376	0.080227	-0.22836	0.242042
21	500.04	5.680826	16.35273	3.214796	0.192886	-5.19398	5.197563	0.58808	-0.04518	0.065794	496.36	2.508539	10.31905	0.076724	0.04646	-0.28937	0.293077
22	500.08	5.68915	16.14419	3.4235	0.214223	-5.18382	5.188247	0.482824	0.521652	-0.50219	496.4	2.509782	10.30647	0.089363	0.008159	-0.35953	0.359626
23	500.12	5.698244	15.93654	3.631355	0.231389	-5.15131	5.156502	0.379218	1.073661	-1.0563	496.44	2.509353	10.29092	0.104916	-0.03256	-0.43921	0.440416
24	500.16	5.707937	15.73064	3.837482	0.244458	-5.09695	5.102809	0.27724	1.612233	-1.59771	496.48	2.507195	10.272	0.123962	-0.07357	-0.52885	0.533946
25	500.2	5.718069	15.52736	4.041008	0.25347	-5.02142	5.027811	0.176995	2.136395	-2.12522	496.52	2.503345	10.2493	0.14698	-0.11272	-0.62892	0.638938
26	500.24	5.72848	15.32755	4.241097	0.258507	-4.92519	4.931973	0.079177	2.640436	-2.633	496.56	2.497914	10.22241	0.174419	-0.14789	-0.73977	0.754404
27	500.28	5.73901	15.13201	4.43692	0.259619	-4.80873	4.815732	-0.01484	3.112919	-3.10944	496.6	2.491104	10.19087	0.206685	-0.17718	-0.86171	0.87974
28	500.32	5.749506	14.94153	4.627682	0.25696	-4.67325	4.680306	-0.10281	3.536533	-3.53698	496.64	2.483206	10.15424	0.244159	-0.19912	-0.99503	1.014758
29	500.36	5.759815	14.75691	4.81259	0.25082	-4.52101	4.527959	-0.18177	3.887074	-3.89121	496.68	2.474574	10.11204	0.287228	-0.21262	-1.1392	1.158868

图2－8 分析软件原始数据输出格式

（6）数据处理与分析。利用不同的分析软件对录像进行分析后，软件输出的数据一般不能直接使用，需要对软件输出的原始数据进行一定的处理和分析。例如需要将一些错误数据删除，以保证数据的可靠性，另外，需要根据不同的研究目的将数据进行分类或者对比，已得到期望数据。

软件输出的原始数据是坐标，如果需要研究车辆的轨迹需要利用Excel或者SPSS软件，根据车辆在各个时刻的坐标绘制轨迹图从而进一步分析车辆的轨迹特性。

2.2.3 交通近景摄影测量系统精度验证

交通近景摄影测量系统精度验证，以其对自行车运动分析的精度标定验证为例进行说明。首先，选择视野开阔的道路，将摄像机放置在路边，然后在摄像机的视野内确定有效实验路段。在有效实验路段的起点用彩色胶带水平进行标记，然后每隔 1m 距离用不同颜色的彩色胶带标记一次，直至第 11m 的位置，然后在垂直第一条彩色胶带的方向贴上一条彩色胶带进行标记。这样做的目的是在进行视频分析时能够准确地确定自行车在某一时刻的位置，以便求得自行车的区间平均速度，同时，做这样的标记有助于对视频进行分析过程中坐标系的标定。路标标记如图 2－9 所示。

图 2－9 路标标记示意图

对路面进行标记后，需要测量进行系统标定所需的坐标，分别为（0，0）、（0，10）、（4，0）、（4，10）。图 2－9 中离摄像机最近的与道路垂直的红色胶带即为坐标系的 x 轴，垂直的黄色胶带为 y 轴。

将摄像机固定，实验人员骑自行车从远处开始向实验区域行驶并经过实验有效区域，重复行驶 50 次，得到满足要求的样本数据量然后进行视频分析。

利用分析软件对视频进行分析处理，输出自行车相关的原始数据。每条彩色胶带之间的距离为 1m，从软件输出的原始数据中，可以得到自行车从一条彩色胶带到达另一条彩色胶带所需要的时间，用距离除以时间就可以得到自行车在两条彩色胶带之间的区间平均速度，把这一速度作为自行车的真实速度。

软件可以输出自行车在行驶过程中每隔 0.02s 的地点车速，利用式（2－1）可以计算出自行车在每 1m 范围内的时间平均车速，利用 SPSS 软件可以得到时间平均车速观测值的方差，进而通过式（2－2）得到自行车在每 1m 范围内的区间平均车速，将这一计算得到的区间平均车速作为系统标定自行车的速度。

$$\bar{v}_t = \frac{1}{n}\sum_{i=1}^{n} v_i \qquad (2-1)$$

式中，$\bar{v}_t$ 为时间平均车速，km/h；v_i 为第 i 辆车的地点车速，km/h；n 为观测时间内观测的车辆数。

$$\bar{v}_s = \bar{v}_t - \frac{\sigma_t^2}{\bar{v}_t} \qquad (2-2)$$

式中，$\bar{v}_s$ 为区间平均车速，km/h；σ_t^2 为时间平均车速观测值的方差，km/h。

综上所述，可以得到自行车在每 1m 范围的真实车速和系统标定速度，将这两种车速进行分析对比，进而得到系统的误差，如图 2－10 所示。

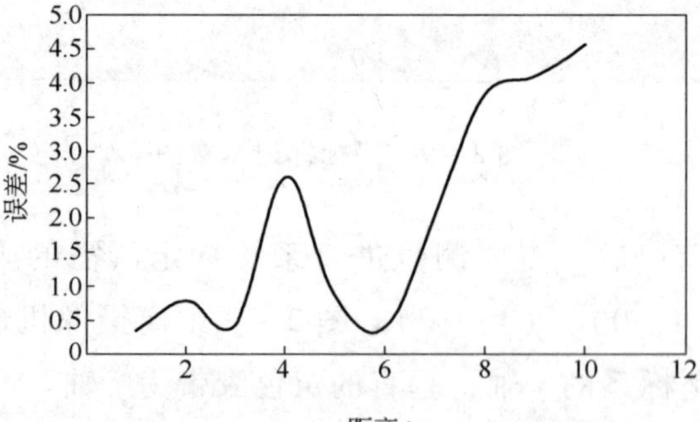

图 2－10　系统误差趋势图

图 2－10 中横轴数值的大小表示自行车离软件标定的坐标系 x 轴的距离大小。由图 2－10 可得，随着自行车与 x 轴之间距离变小，系统误差有变小的趋势；同时，自行车与 x 轴之间距离在 10m 左右的范围内时，系统的误差均小于 5% 是可以接受的。因此，在实际进行交通近景摄影测量时，可以选择广角大镜头摄像机或在高处拍摄来扩大信息采集范围。

第3章 信号交叉口机动车交通流特性分析

车辆在到达交叉口区域的时候，由于受前车行驶状态的约束，同时也受到交叉口限速标志和信号控制的影响，在到达交叉口之前通常会开始减速。在有渠化标线的交叉口处，车辆也需要提前进入设置好的专用车道，然后来实现直行、左转、右转和调头等行为。因此，当车辆进入属于自己路权的专用车道后，在符合安全要求的条件下，车辆以一定的速度进入交叉口内区域完成行驶方向的转换和继续行驶。本章重点介绍应用交通近景摄影测量技术进行北京市某交叉口机动车交通特性分析的过程及结论。

3.1 采集地点和道路交通状况

图像采集地点为北京市东城区蒋宅口交叉口。该交叉口由安定门外大街与和平里北街相交而成。它是城市主干道与城市次干道的交叉口，安定门外大街是城市主干道，和平里北街是城市次要道路。其南北方向为主干道，东西方向为次干道。主要调查方向选取主干道的东西方向，参见图3－1。

交叉口采用定时控制的交通信号控制方式，信号灯设置方式为三相位设置：南北方向直行相位设置、南北方向左转相位设置和东西方向直行左转混合相位设置。在交叉口内部南北方向设置了左转待驶区，当该方向直行机动车绿灯亮时，左转机动车可以进入待转区等候放行。东西方向直行与左转车辆绿灯相位同时放行。

图像采集时间是2006年4月16日，星期日，天气晴好。

采集时段内，该交叉口有少量的行人和自行车，而且自行车的左转采用二次过街方式以减少和机动车的冲突，自行车先随直行车辆放行到达街对面等待区，等待侧向绿灯后再过街，这样就将自行车左转转化为两次直行。

采集图像的摄像机架设在11楼，使用皮尺和激光测距仪测定坐标点的

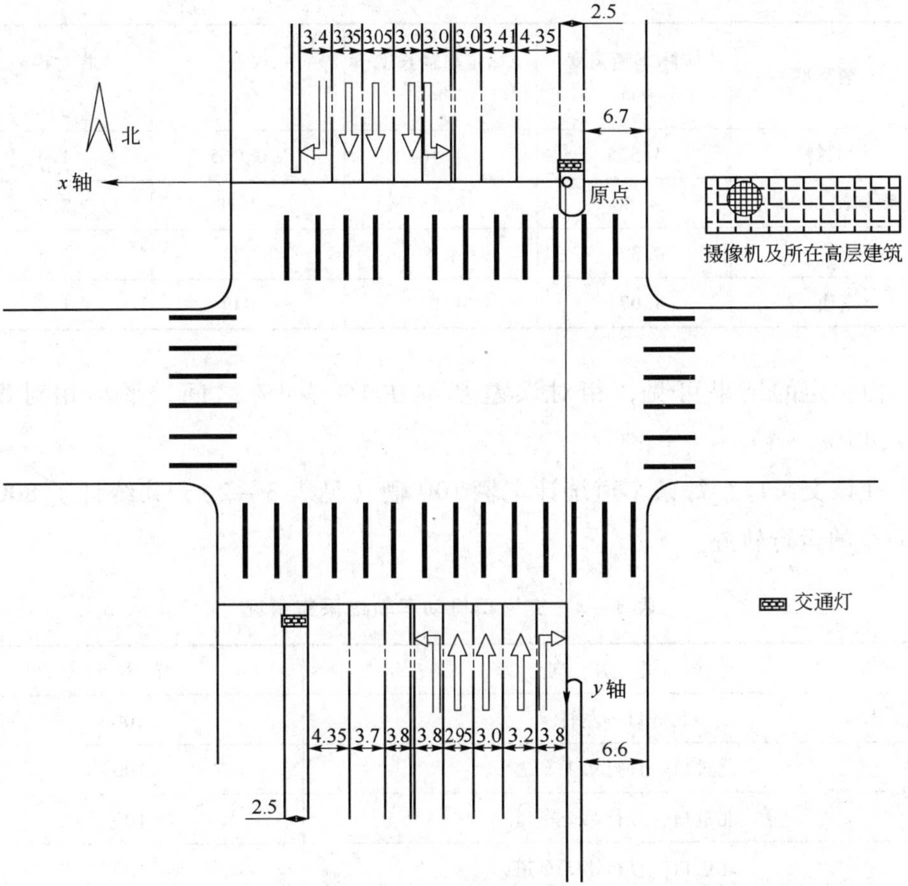

图 3－1 蒋宅口交叉口平面图

距离。定义坐标系如图 3－1 所示。以北进口的停车线为 x 轴，与其垂直的方向为 y 轴，坐标原点选定为机动车道与非机动车道之间的隔离带上的一个停车标注的立柱基座。摄像机所摄取到的交叉口范围为 53m × 40m。这里把内侧直行车道定为第 1 直行车道，依次向外为第 2 直行车道和第 3 直行车道。选取四个不同类型的静止的机动车进行测量精度的验证，并且使用分析软件对交叉口的直行机动车和左转机动车的行驶轨迹进行分析。

3.2 测量精度与样本采集

随机选取静止的 4 辆车进行测量精度的验证。将使用分析软件测量的车辆长度与实际车辆长度进行精度验证，结果如表 3－1 所示。

表3-1 精度验证结果

车辆类型	实际车辆长度 /m	标定车辆长度 /m	误差 /m	相对误差 /%
伊兰特	4.525	4.46	-0.065	1.4
桑塔纳2000	4.68	4.55	-0.18	2.7
宝来	4.376	4.4	0.024	0.5
富康	4.071	4.12	0.049	1.2

由标定的结果可见，相对误差基本在1%～3%之间，平均相对误差为1.45%。

在该交叉口，每条车道统计车辆100辆（见表3-2），共统计了800辆机动车的运行轨迹。

表3-2 交叉口机动车轨迹采集情况

前 进 方 向	样 本 量
北进口—左转	100
北进口—直行第1车道	100
北进口—直行第2车道	100
北进口—直行第3车道	100
南进口—左转	100
南进口—直行第1车道	100
南进口—直行第2车道	100
南进口—直行第3车道	100
小 计	800

3.3 直行车辆交通流特性分析

3.3.1 直行车辆行驶轨迹分析

一般而言，机动车在直行时，基本保持在原来的车道内行驶，在交叉口内的换车道行为并不是很多，车辆的运行轨迹基本为直线。随机选取南进口

—直行第 1 车道（本书未特别指明的，都为南进口车道）两辆车的运行轨迹，如图 3－2 和图 3－3 所示。

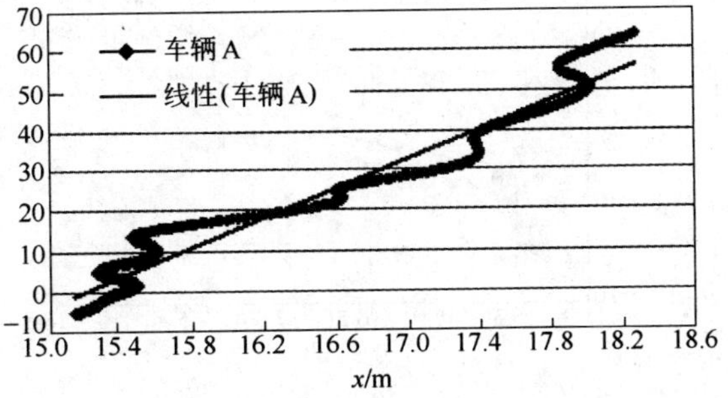

图 3－2 南进口—直行第 1 车道车辆 A 的运行轨迹

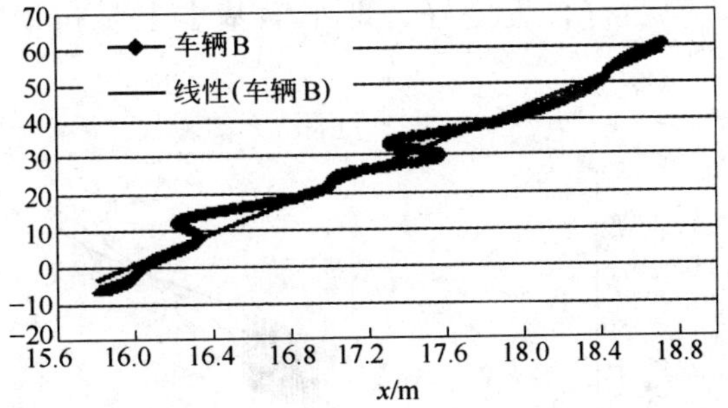

图 3－3 南进口—直行第 1 车道车辆 B 的运行轨迹

图中曲线是直行车道车辆的行驶轨迹，直线是其线性趋势图。可见直行车辆在通过交叉口的过程中，并不是按照直线行驶的，而是以直线为轴，在直线轴的周围做左右侧向运动。即机动车的直行在微观上而言，也是一个“蛇形”的纵向运动。既有前进方向的纵向运动，也存在横向的位移。这里定义所回归的直线方向为信号交叉口处车辆的理想行驶方向，即车辆在理想状态（路面平整，没有其他车辆和行人及自行车的横向干扰）下通过交叉口的行驶方向。下面用 SPSS 统计分析软件来进行分析。

同样随机选取 3 辆直行车辆，进行分析数据与实际运动轨迹研究。图 3－4 的回归直线方程为 $y = -276.70 + 18.2108x$，该回归方程的复相关系数为 0.949。说明符合程度好，即车辆基本上是按照直线行驶通过交叉口的。

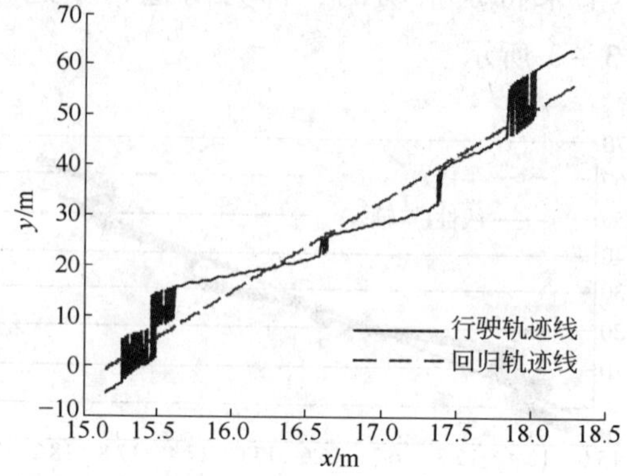

图 3－4　某直行车辆 1 的回归方程与实际观测运动轨迹图

图 3－5 的回归直线方程为 $y=-288.38+19.2185x$，该回归方程的复相关系数为 0.954。说明符合程度好，即车辆基本上是按照直线行驶通过交叉口的。

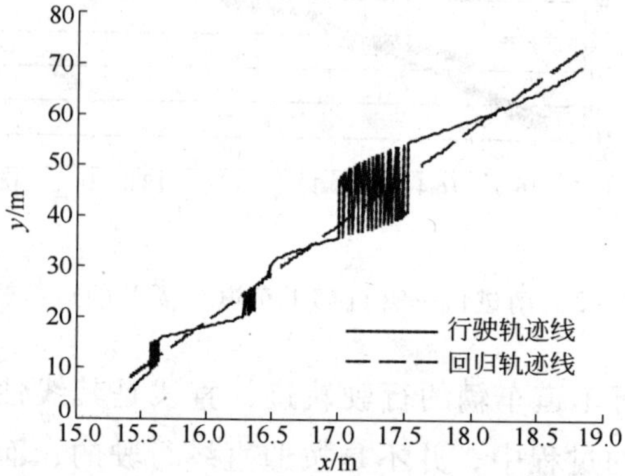

图 3－5　某直行车辆 2 的回归方程与实际观测运动轨迹图

图 3－6 的回归直线方程为 $y=-301.52+19.0423x$，该回归方程的复相关系数为 0.954。说明符合程度好，即车辆基本上是按照直线行驶通过交叉口的。

因此，直行车辆的行驶直线方程为：

$$y=b+ax$$

式中，a 为理想行驶方向的斜率(ρ)。

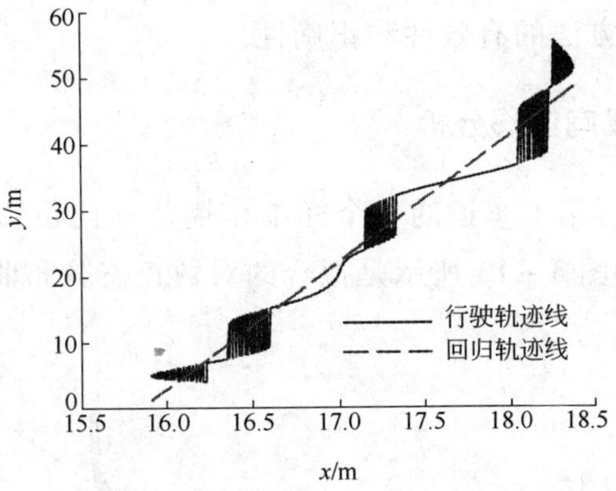

图 3－6　某直行车辆 3 的回归方程与实际观测运动轨迹图

从上述三张图所示的行驶轨迹线和回归轨迹线可以发现，车辆在进入交叉口时（一般在 $y=0\sim10$m 的范围），基本是按照理想行驶方向运行的；而进入交叉口后直到离开交叉口之前一定的范围内（一般为 $y=10\sim40$m 范围），车辆都出现不同程度的左右位移，偏离了理想的行驶方向；在离开交叉口之前的范围内（一般为 $y=40\sim50$m），车辆重新回到了理想的行驶方向；之后车辆离开交叉口进入车道，重新进入理想行驶方向。

上述的车辆行驶轨迹曲线说明驾驶员急于进入交叉口和驶出交叉口进入路段车道。驾驶员进入交叉口的时候（0～10m），虽然会受到路面状况和周围车辆以及信号灯的影响，需要不断调整自己的视线和车辆的位置，但是总体而言，驾驶员首先是急于进入交叉口，在行驶轨迹上表现出来的现象就是车辆按照理想行驶方向行驶；而当车辆进入了交叉口以后（10～40m），驾驶员意识到路面的状况、与相邻车道车辆的合理距离、前方车辆的视距等因素，就会不断调整车辆的行驶轨迹，于是出现了车辆偏离理想行驶方向的左右位移，这个范围内，体现出驾驶员在着重于离开交叉口的同时，更着重于保证车辆的安全行驶，因此这段范围内，车辆呈现出在理想行驶方向左右两侧“蛇形”运动的轨迹；当车辆在即将离开交叉口驶入车道的范围（40～50m）内，驾驶员急于离开交叉口从而能够进入行驶的车道，因此在这段距离范围内，车辆又回到了理想行驶方向。

另外从三条回归直线的斜率（18.2108、19.2185 和 19.0423）来看，三条直线基本平行，说明同一车道的车辆的行驶方向相同，也验证了近景摄影方法和分析处理方法的有效性和正确性。

3.3.2 直行车辆横向位移分析

对南进口—直行第 1 车道的 7 个样本车辆的横向位移进行对数正态分布的拟合，图 3－7～图 3－13 所示是拟合的对数正态分布曲线。

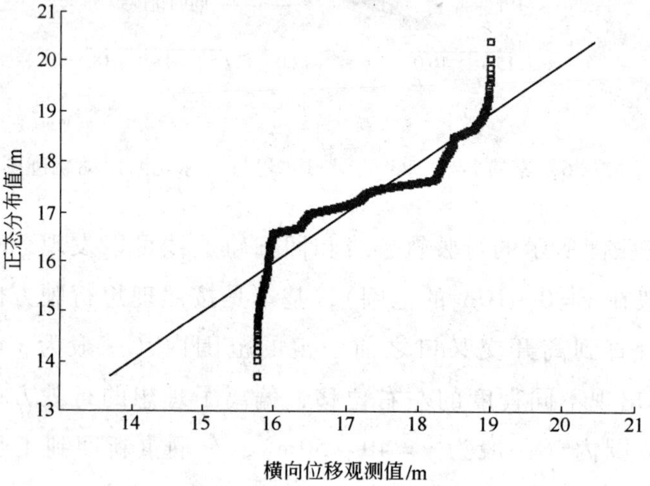

图 3－7　样本车辆 1 的横向位移对数正态分布拟合图

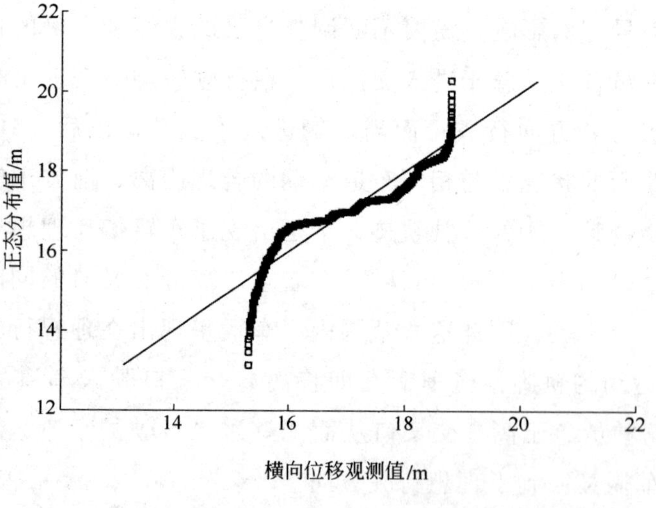

图 3－8　样本车辆 2 的横向位移对数正态分布拟合图

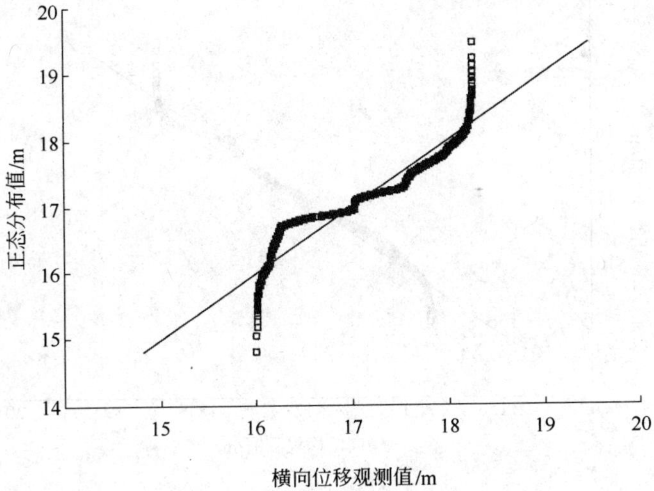

图 3－9 样本车辆 4 的横向位移对数正态分布拟合图

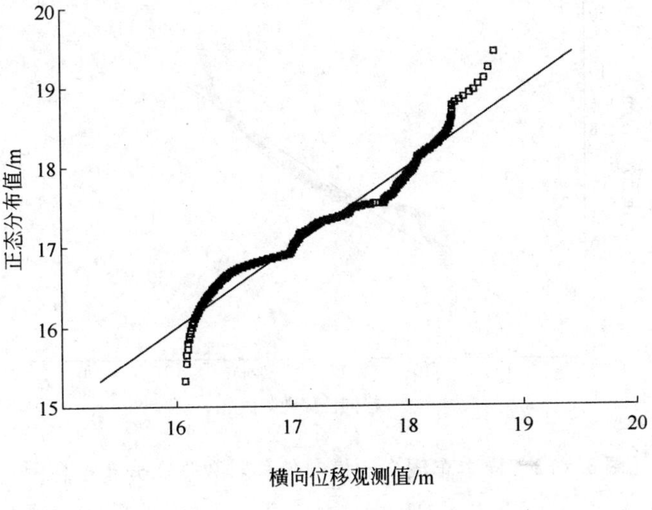

图 3－10 样本车辆 5 的横向位移对数正态分布拟合图

从图 3－7～图 3－13 所示的回归曲线可以发现，车辆在交叉口内行驶的过程中横向位移基本遵循正态分布。

图 3－14 和图 3－15 所示是把车辆进入交叉口和离开交叉口的范围的横坐标数据删除后重新回归形成的曲线。

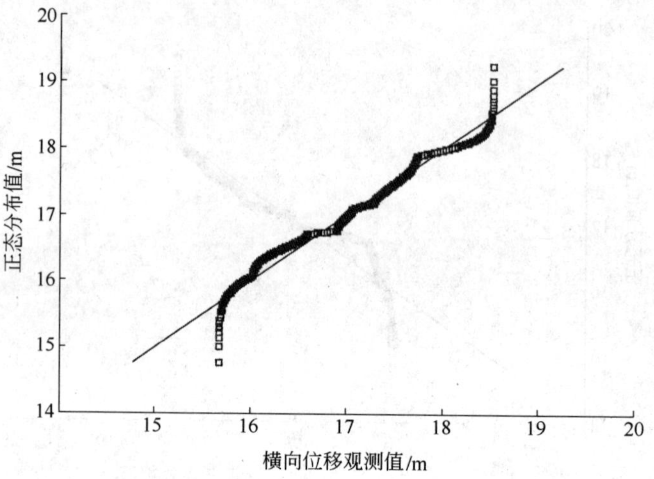

图 3 - 11　样本车辆 6 的横向位移对数正态分布拟合图

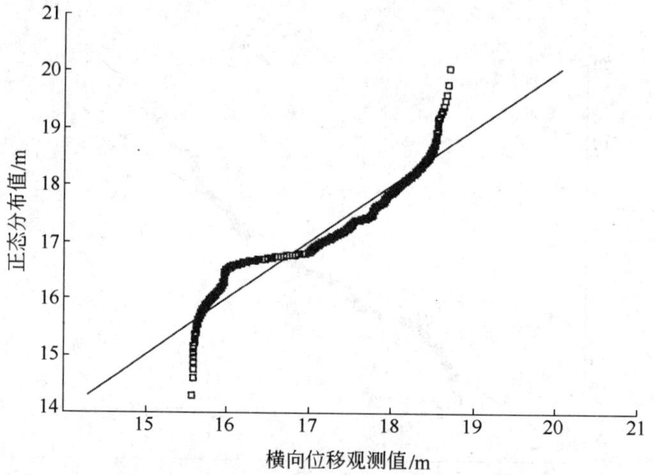

图 3 - 12　样本车辆 9 的横向位移对数正态分布拟合图

最终车辆在交叉口内横向位移的回归曲线方程为：

$$f(x) = \frac{1}{\sqrt{2\pi}}\int_{-\infty}^{x} \mathrm{e}^{-\frac{(t-17)^2}{4}}\mathrm{d}t$$

而在车辆进入交叉口和离开交叉口的部分范围内，横向位移并不遵循正态分布。

同样对南进口—直行第 2 车道和南进口—直行第 3 车道样本车辆的横向

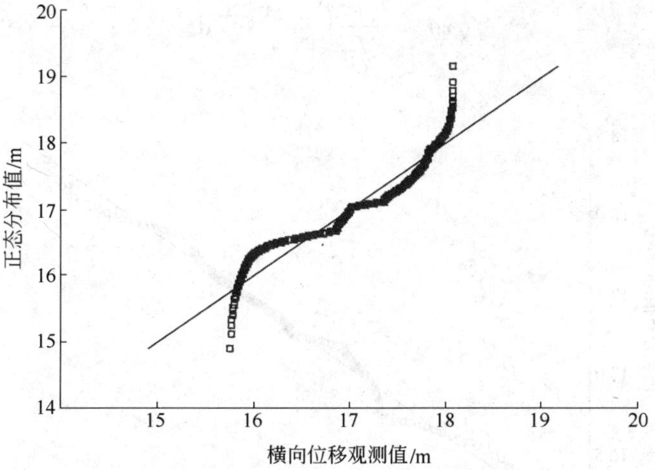

图 3-13 样本车辆 11 的横向位移对数正态分布拟合图

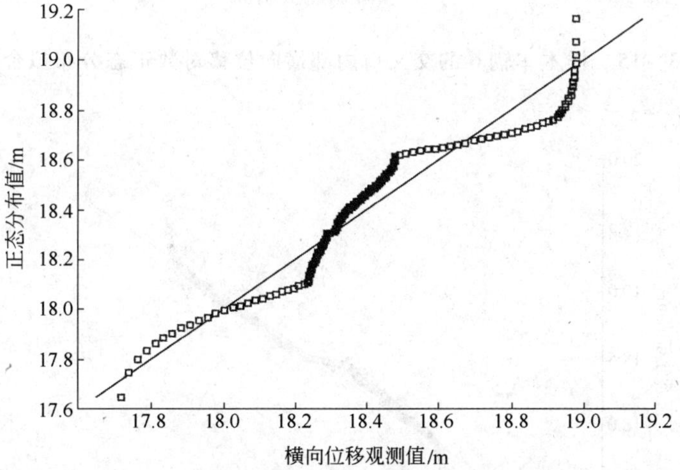

图 3-14 样本车辆 1 的交叉口内部横向位移对数正态分布拟合图

位移的轨迹进行回归分析，得到同样的正态回归分布，如图 3-16 和图 3-17 所示。

南进口—直行第 2 车道直行车辆在交叉口内横向位移的回归曲线方程为：

$$f(x) = \frac{1}{\sqrt{\pi}}\int_{-\infty}^{x} e^{-\frac{(t-17)^2}{0.5}}\mathrm{d}t$$

南进口—直行第 3 车道直行车辆在交叉口内横向位移的回归曲线方程为：

$$f(x) = \frac{1}{\sqrt{\pi}}\int_{-\infty}^{x} e^{-\frac{(t-22)^2}{0.5}} dt$$

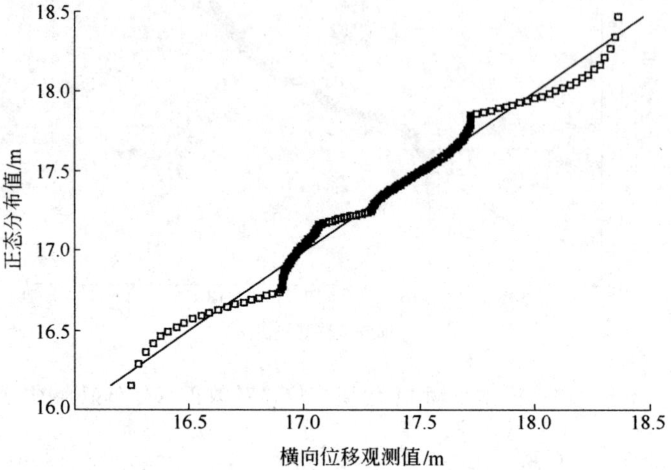

图 3－15 样本车辆 6 的交叉口内部横向位移对数正态分布拟合图

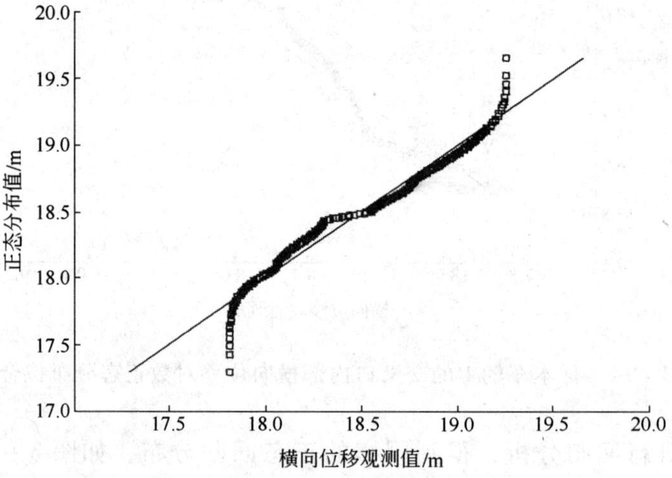

图 3－16 南进口—直行第 2 车道样本车辆 1 的横向位移对数正态分布拟合图

总体而言，车辆在通过交叉口的范围内，其横向位移基本上遵循正态分布，分布函数为：

$$f(x) = \frac{1}{\sqrt{2\pi\sigma}}\int_{-\infty}^{x} e^{-\frac{(t-\mu)^2}{2\sigma^2}} dt$$

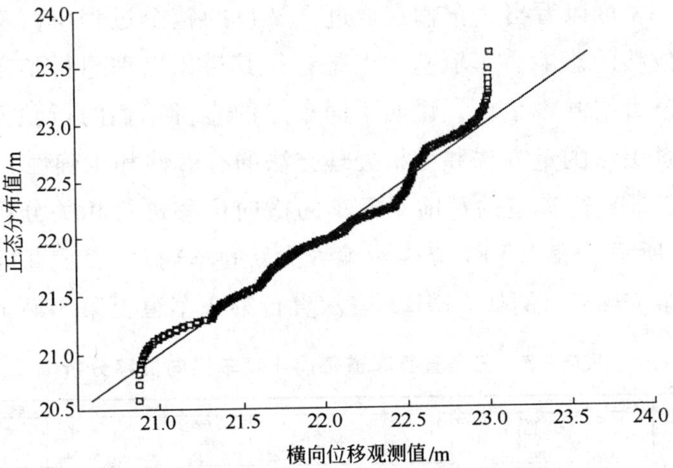

图 3－17　南进口—直行第 3 车道样本车辆 3 的横向位移对数正态分布拟合图

式中，$1>\sigma>0$；u 为理想行驶方向的斜率（ρ）。

接下来比较不同车道上同一横向位置的车辆之间的影响。也就是说第 1 车道的车辆的横向位移是否能够影响到第 2 车道、第 3 车道同一位置的车辆的横向运动。

图 3－18 所示为基本上处于同一横向位置的 3 条车道的相邻 3 辆车的行驶轨迹。

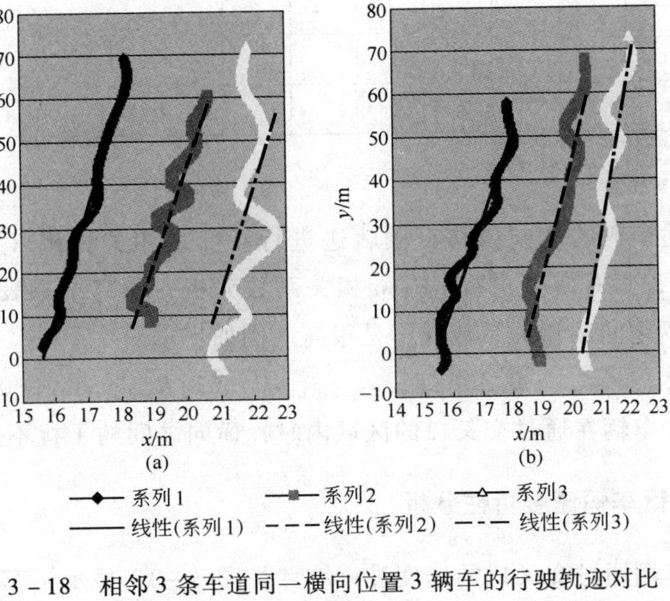

图 3－18　相邻 3 条车道同一横向位置 3 辆车的行驶轨迹对比

从图 3－18 可以看出，车辆在通过交叉口的整个过程中，基本上不受相互之间横向位移的影响。车辆基本上是各行其道，以理想行驶方向通过交叉口。同样三条直线基本平行，说明不同车道的直行车辆的行驶方向相同，同样验证了近景摄影测量方法和分析处理方法的有效性和正确性。

另外对三条直行车道的每前 4 辆车的横向位移进行相关分析。分析的结果如表 3－3 所示。表中 VEH *ij* 表示编号为 *ij* 的车辆，*i* 表示直行车道编号，*j* 表示车道上第 *j* 辆车，例如 VEH23 表示直行第 2 车道上第 3 辆车。

表 3－3　三条直行车道每前 4 辆车横向位移分析

		VEH11	VEH12	VEH13	VEH14	VEH21	VEH22	VEH23	VEH24	VEH31	VEH32	VEH33	VEH34
VEH11	Pearson Correlation	1.000	-.542**	-.767**	.a	.306**	-.853**	-.655**	.a	.661**	.008	.a	.a
	Sig. (2-tailed)	.	.000	.000	.	.000	.000	.000	.	.000	.926	.	.
	N	190	190	67	0	190	122	38	0	190	133	0	0
VEH12	Pearson Correlation	-.542**	1.000	.510**	.996**	.418**	.303**	-.650**	.a	.128*	.418**	.a	.a
	Sig. (2-tailed)	.000	.	.000	.000	.000	.000	.000	.	.032	.000	.	.
	N	190	279	156	10	279	211	127	0	279	222	0	0
VEH13	Pearson Correlation	-.767**	.510**	1.000	.469**	.611**	.646**	.605**	.766**	.841**	.734**	.a	.a
	Sig. (2-tailed)	.000	.000	.	.000	.000	.000	.000	.000	.000	.000	.	.
	N	67	156	273	127	165	249	244	109	273	273	0	0
VEH14	Pearson Correlation	.a	.996**	.469**	1.000	.983**	.783**	.889**	.767**	.170**	.757**	.a	.a
	Sig. (2-tailed)	.	.000	.000	.	.000	.000	.000	.000	.009	.000	.	.
	N	0	10	127	238	19	103	232	220	238	238	0	0
VEH21	Pearson Correlation	.306**	.418**	.611**	.983**	1.000	-.035	-.691**	.a	.593**	.442**	.a	.a
	Sig. (2-tailed)	.000	.000	.000	.000	.	.606	.000	.	.000	.000	.	.
	N	190	279	165	19	288	220	136	1	288	231	0	0
VEH22	Pearson Correlation	-.853**	.303**	.646**	.783**	-.035	1.000	.138*	-.167	.782**	.105	.a	.a
	Sig. (2-tailed)	.000	.000	.000	.000	.606	.	.041	.127	.000	.068	.	.
	N	122	211	249	103	220	304	220	85	304	304	0	0
VEH23	Pearson Correlation	-.655**	-.650**	.605**	.889**	-.691**	.138*	1.000	.627**	.512**	.815**	.a	.a
	Sig. (2-tailed)	.000	.000	.000	.000	.000	.041	.	.000	.000	.000	.	.
	N	38	127	244	232	136	220	349	214	349	349	0	0
VEH24	Pearson Correlation	.a	.a	.766**	.767**	.a	-.167	.627**	1.000	.717**	.411**	-.999**	.a
	Sig. (2-tailed)	.	.	.000	.000	.	.127	.000	.	.000	.000	.000	.
	N	0	0	109	220	1	85	214	265	260	265	6	0
VEH31	Pearson Correlation	.661**	.128*	.841**	.170**	.593**	.782**	.512**	.717**	1.000	.652**	.a	.a
	Sig. (2-tailed)	.000	.032	.000	.009	.000	.000	.000	.000	.	.000	.	.
	N	190	279	273	238	288	304	349	260	547	490	1	0
VEH32	Pearson Correlation	.008	.418**	.734**	.757**	.442**	.105	.815**	.411**	.652**	1.000	-.733**	.a
	Sig. (2-tailed)	.926	.000	.000	.000	.000	.068	.000	.000	.000	.	.000	.
	N	133	222	273	238	231	304	349	265	490	598	109	0
VEH33	Pearson Correlation	.a	.a	.a	.a	.a	.a	.a	-.999**	.a	-.733**	1.000	.172**
	Sig. (2-tailed)	.	.	.	.	.	.	.	.000	.	.000	.	.001
	N	0	0	0	0	0	0	0	6	1	109	541	382
VEH34	Pearson Correlation	.a	.a	.a	.a	.a	.a	.a	.a	.a	.a	.172**	1.000
	Sig. (2-tailed)	.	.	.	.	.	.	.	.	.	.	.001	.
	N	0	0	0	0	0	0	0	0	0	0	382	433

**. Correlation is significant at the 0.01 level (2-tailed).

*. Correlation is significant at the 0.05 level (2-tailed).

a. Cannot be computed because at least one of the variables is constant.

对上述车辆的横向位移行驶轨迹进行双变量相关分析（bivariate corelation）分析，每对变量进行 person 相关系数分析，研究结果表明，同一横向位置的车辆之间的相关系数并不是很高。例如：

$$R_{VEH11,VEH21}=0.306;R_{VEH11,VEH31}=0.661;R_{VEH21,VEH31}=0.593$$

因此，车辆在通过交叉口的区域内时，横向之间的干扰不是很明显。

3.3.3 直行车辆速度特性分析

现对车辆通过交叉口的速度进行统计。图 3－19 显示了车辆通过交叉口时速度的变化曲线。曲线表示车辆在通过交叉口的过程中，速度是呈现螺旋式增长的。图 3－19 对第 1 车道先后通过的 13 辆车进行了速度的跟踪。第 1 辆车为信号灯变为绿灯时停在停车线后的头车。速度的变化曲线显示前 4 辆车的速度变化为低速（3m/s）到高速（12m/s），有着明显的加速过程，而从第 5 辆、第 6 辆车开始，车辆进入交叉口时已经有了较高的初始速度（＞6m/s），之后的车辆进入交叉口的速度都维持在这个初始速度之上（见表 3－4）。这个结果也同样证明了车辆在第 5 辆、第 6 辆车之后进入了一个饱和交通流的状态。

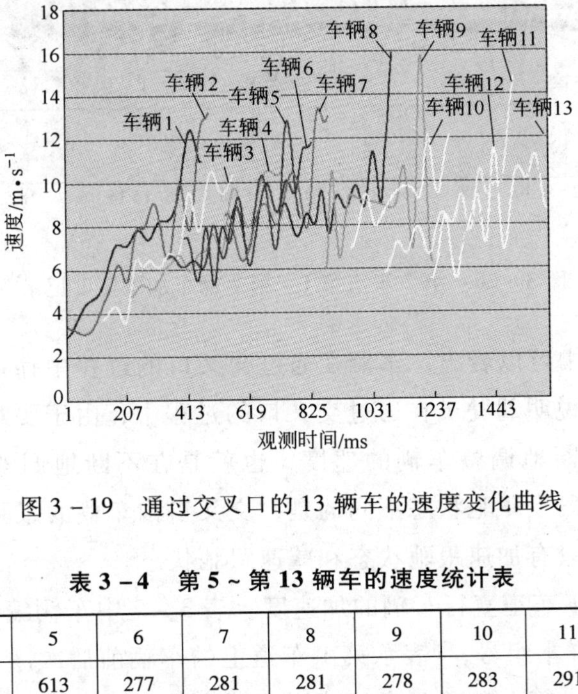

图 3－19　通过交叉口的 13 辆车的速度变化曲线

表 3－4　第 5～第 13 辆车的速度统计表

车辆序号	5	6	7	8	9	10	11	12	13
样本量	613	277	281	281	278	283	291	509	621
平均速度/m·s^{-1}	9.1481	8.5199	8.7645	8.6684	8.5005	8.7717	8.8269	9.0862	8.7932
平均标准差	0.0662	0.1031	0.1073	0.1005	0.1043	0.1087	0.1051	0.0800	0.0678
标准偏差	1.6381	1.7155	1.7989	1.6845	1.7399	1.8278	1.7924	1.8048	1.6906
最小速度/m·s^{-1}	5.33	5.29	5.38	5.27	5.44	5.27	5.37	5.29	5.32
最大速度/m·s^{-1}	15.60	15.79	15.50	15.77	15.51	15.89	15.66	15.74	15.75

通过对第 5～第 13 辆车共计 3434 个速度值的统计结果，车辆通过交叉口的速度平均在 8.5～9.0m/s，即 30～32km/h 的范围内。

3.3.4 直行车辆加速度特性分析

图3－20所示为所调查的南进口—直行第2车道某放行过程中记录的车辆的连续加减速度。

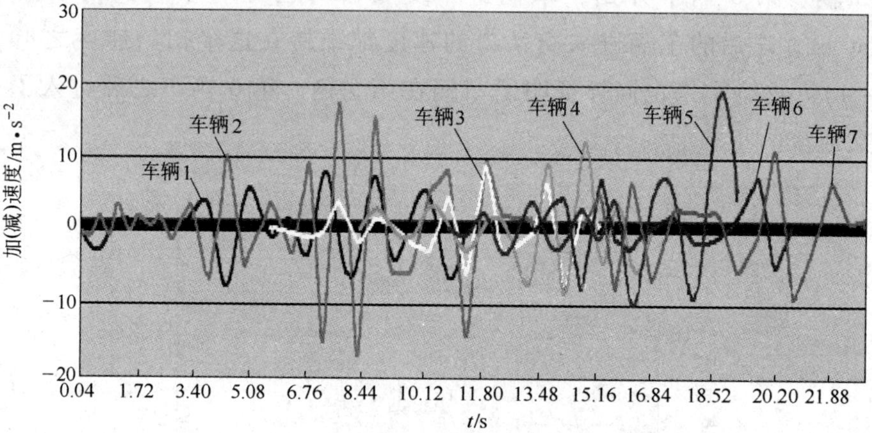

图3－20 第2车道第1～第7辆车加减速度记录

从图3－20中可以看出，车辆在通过交叉口的过程中存在连续不断的加速和减速行为，说明驾驶员在通过交叉口的过程中，由于要观察路面和前后车的情况，在不断地调整车辆的速度，也就是在不断地调整自己的驾驶行为。因此，与路段上跟驰状态不同的是，交叉口内车辆的跟驰基本上没有稳定的跟驰状态，只有加速跟驰状态和减速跟驰状态。

首先分析第1车道直行车辆的加速度。表3－5中车辆编号为VEH*ij*，其中*i*表示采集的样本组号，*j*表示第1车道上的车辆前后次序。例如VEH103表示第1组样本中第1车道上第03辆车。表3－5所示为采集到的第1车道上4组样本车辆的最大加速度和最大减速度的统计情况。

表3－5 第1车道车辆加减速度分析

车辆编号	样本量	最大减速度/$m \cdot s^{-2}$	最大加速度/$m \cdot s^{-2}$
VEH101	460	－3.37	4.81
VEH102	360	－5.48	8.69
VEH103	345	－4.64	5.68
VEH104	377	－3.20	5.24

续表3-5

车辆编号	样本量	最大减速度/m·s^{-2}	最大加速度/m·s^{-2}
VEH105	388	-8.54	11.25
VEH106	290	-7.18	5.57
VEH107	158	-4.96	10.93
VEH108	224	-7.27	11.93
VEH109	269	-23.91	23.37
VEH1010	216	-7.60	8.08
VEH1011	281	-4.43	7.27
VEH1012	331	-11.85	11.15
VEH201	567	-7.42	8.14
VEH202	664	-16.54	17.39
VEH203	482	-7.34	9.15
VEH204	428	-8.11	12.19
VEH205	422	-9.74	19.15
VEH206	379	-7.70	7.51
VEH207	417	-8.86	11.12
VEH208	375	-18.08	15.14
VEH209	390	-12.04	11.52
VEH2010	360	-16.87	16.87
VEH2011	330	-7.93	7.28
VEH2012	339	-14.09	15.04
VEH301	429	-2.27	5.31
VEH302	378	-5.12	8.37
VEH303	375	-7.28	16.11
VEH304	348	-9.92	10.62
VEH305	321	-19.27	28.90
VEH306	255	-14.37	10.11
VEH307	309	-14.12	12.04
VEH308	243	-16.34	14.42
VEH309	351	-4.63	9.62
VEH3010	297	-5.33	6.24
VEH3011	237	-10.39	8.59
VEH3012	270	-7.90	7.83
VEH401	411	-3.27	6.14

续表 3-5

车辆编号	样本量	最大减速度/m·s^{-2}	最大加速度/m·s^{-2}
VEH402	361	-6.97	7.73
VEH403	292	-8.26	9.14
VEH404	246	-13.41	17.80
VEH405	249	-4.71	8.05
VEH406	261	-12.98	15.45
VEH407	237	-8.49	6.85
VEH408	243	-13.57	12.22
VEH409	219	-6.93	6.34
VEH4010	240	-4.95	4.88
VEH4011	282	-14.36	11.75
VEH4012	297	-5.09	6.11

从表3-5中可以看出，第1车道车辆的最大加速度和最大减速度不是在一个固定值的周围变动，也就是说由于驾驶员的个体驾驶行为的差异性，呈现出不同的加速度特性。最大减速度变化范围为 -2.27 ~ -23.91m/s^2，最大加速度变化范围为4.81 ~28.9m/s^2。

对第1车道样本车辆的加速度进行正态分布的拟合，图3-21和图3-22所示是拟合的正态分布 $P-P$ 概率图和无趋势正态分布 $P-P$ 概率图。

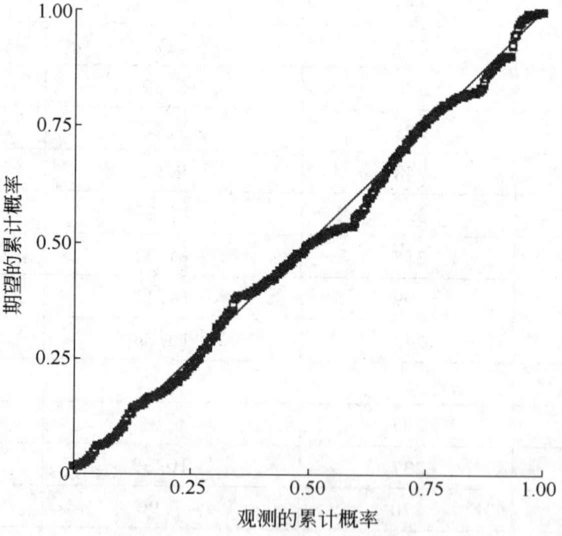

图3-21　第1车道第5辆车加速度正态分布图

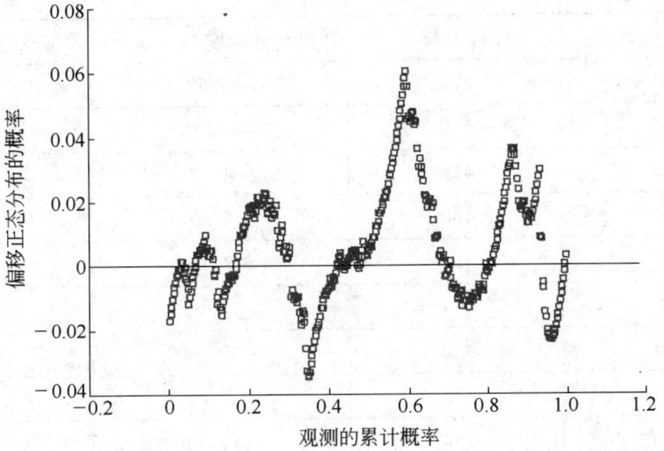

图 3－22 第 1 车道第 5 辆车加速度无趋势正态分布图

经过检验可以看出，第 1 车道车辆的加速度值的分布符合正态分布，其正态分布函数的公式为：

$$f(x) = \frac{1}{\sqrt{8.48\pi}}\int_{-\infty}^{x} e^{-\frac{(t-0.285)^2}{36}}dt$$

同理，第 2、第 3 车道的车辆加减速度统计情况见表 3－6 和表 3－7。

表 3－6 第 2 车道车辆加减速度分析

车辆编号	样本量	最大减速度/m·s^{-2}	最大加速度/m·s^{-2}
VEH101	483	－7.55	12.10
VEH102	462	－8.02	8.58
VEH103	351	－9.13	10.91
VEH104	273	－19.56	21.01
VEH105	309	－13.04	10.84
VEH106	366	－16.96	17.87
VEH107	336	－7.04	7.21
VEH108	336	－5.60	8.59
VEH109	336	－6.96	11.05
VEH1010	324	－11.58	11.80
VEH201	762	－7.16	7.54
VEH202	657	－7.19	8.94

续表 3-6

车辆编号	样本量	最大减速度/m·s^{-2}	最大加速度/m·s^{-2}
VEH203	573	-6.57	12.54
VEH204	570	-12.80	8.82
VEH205	426	-4.72	7.46
VEH206	480	-5.57	6.94
VEH207	468	-7.76	9.10
VEH208	414	-14.69	15.67
VEH209	450	-17.73	16.87
VEH2010	375	-5.76	9.18
VEH2011	354	-17.11	17.19
VEH2012	354	-8.61	7.54
VEH301	657	-7.45	10.40
VEH302	558	-15.68	19.96
VEH303	495	-23.44	32.55
VEH304	381	-4.80	4.43
VEH305	447	-7.41	8.98
VEH306	480	-10.66	13.98
VEH307	285	-33.54	26.78
VEH308	273	-10.09	16.84
VEH309	342	-14.68	14.01
VEH401	480	-11.70	11.58
VEH402	435	-10.40	9.85
VEH403	507	-36.42	36.44
VEH404	420	-14.67	18.21
VEH405	456	-8.72	8.20
VEH406	459	-10.29	10.52
VEH407	438	-6.46	7.78
VEH408	381	-6.01	5.78
VEH409	393	-10.22	8.59
VEH4010	324	-10.33	7.51
VEH4011	222	-11.05	6.59
VEH4012	249	-10.10	5.07

表 3-7 第 3 车道车辆加减速度分析

车辆编号	样本量	最大减速度/$m \cdot s^{-2}$	最大加速度/$m \cdot s^{-2}$
VEH101	552	-6.19	4.97
VEH102	528	-8.37	8.95
VEH103	474	-11.81	13.20
VEH104	330	-9.25	10.71
VEH105	450	-8.90	11.96
VEH106	330	-9.42	8.21
VEH107	527	-3.97	7.58
VEH108	293	-9.54	12.13
VEH201	471	-10.07	11.21
VEH202	498	-21.35	18.89
VEH203	438	-8.39	13.29
VEH204	411	-15.38	14.00
VEH205	396	-12.51	11.94
VEH301	477	-5.57	8.15
VEH302	471	-3.60	6.41
VEH303	486	-9.38	14.16
VEH304	474	-12.07	14.88
VEH305	417	-10.44	12.22
VEH306	414	-11.87	11.13
VEH307	435	-13.61	11.35
VEH401	885	-13.32	12.60
VEH402	645	-19.60	15.86
VEH403	543	-19.72	17.84
VEH404	489	-10.43	10.22
VEH405	540	-16.90	16.96
VEH406	411	-40.66	39.12

第 2 车道车辆最大减速度变化范围为 $-4.72 \sim -36.42 m/s^2$，最大加速度变化范围为 $4.43 \sim 36.44 m/s^2$。

第 3 车道车辆最大减速度变化范围为 $-3.6 \sim -40.66 m/s^2$，最大加速度变化范围为 $4.97 \sim 39.12 m/s^2$。

同样第 2、第 3 车道车辆的加速度值也符合正态分布。

总体而言，直行车辆通过交叉口的过程中，其加速度基本上遵循正态分布，分布函数为：

$$f(x) = \frac{1}{\sqrt{2\pi\sigma}}\int_{-\infty}^{x} e^{-\frac{(t-\mu)^2}{2\sigma^2}}dt$$

接下来对同一车道不同车辆的加速度进行研究。

通过对先后通过交叉口的连续10辆车的加速度数据进行统计（见表3－8），可以发现第1车道直行车辆的平均加速度基本上在2～4m/s^{2}之间。而每辆车的最大加速度由于车辆性能和驾驶员驾驶行为的不同，在12～30m/s^{2}之间变化。

表3－8 第1车道车辆的加速度计算

车辆序号	样本量	最大加速度/m·s^{-2}	平均加速度/m·s^{-2}	标准差
1	1381	12.14	1.9650	1.62514
2	1131	17.39	3.2487	2.83037
3	851	16.11	2.6085	2.61514
4	840	17.80	3.0912	3.19240
5	809	28.90	4.1032	4.39690
6	484	15.45	3.4389	3.13156
7	653	12.04	3.4509	2.74424
8	602	15.14	4.0770	3.52323
9	657	23.37	3.3823	3.70880
10	689	16.87	2.5418	3.05009
⋮	⋮	⋮	⋮	⋮

通过对先后通过交叉口的连续10辆车的减速度数据进行统计（见表3－9），可以发现第1车道直行车辆的平均减速度基本上在－2～－4m/s^{2}之间。而每辆车的最大减速度由于车辆性能和驾驶员驾驶行为的不同，在－13～－24m/s^{2}之间变化。

表3－9 第1车道车辆的减速度计算

车辆序号	样本量	最大减速度/m·s^{-2}	平均减速度/m·s^{-2}	标准差
1	485	－13.42	－1.9357	1.82053
2	632	－16.54	－3.0763	3.09965
3	643	－12.26	－1.9197	1.84053

续表 3-9

车辆序号	样本量	最大减速度/m·s^{-2}	平均减速度/m·s^{-2}	标准差
4	559	-13.41	-3.2182	3.09415
5	571	-19.27	-3.1234	2.86877
6	522	-14.37	-2.9209	2.99123
7	468	-14.12	-3.4599	2.68939
8	483	-18.08	-3.9249	4.01626
9	572	-23.91	-3.0515	4.21324
10	424	-16.87	-2.2281	2.81383
⋮	⋮	⋮	⋮	⋮

通过对先后通过交叉口的连续 10 辆车的加速度数据进行统计（见表 3-10），可以发现第 2 车道直行车辆的平均加速度基本上在 3.0~4.0m/s^2 之间。而每辆车的最大加速度基本上在 30~40m/s^2 之间变化。

表 3-10 第 2 车道车辆的加速度计算

车辆序号	样本量	最大加速度/m·s^{-2}	平均加速度/m·s^{-2}	标准差
1	847	36.44	3.3801	2.90008
2	826	30.99	2.8284	2.45204
3	1406	32.55	3.8889	4.40079
4	1234	32.31	3.1768	2.99838
5	1104	32.74	2.9244	2.51327
6	904	33.58	3.1656	3.55128
7	947	33.61	3.3364	3.76500
8	1043	34.33	3.1817	3.39447
9	843	35.65	3.8532	3.91915
10	811	35.98	3.0438	2.91318
⋮	⋮	⋮	⋮	⋮

通过对先后通过交叉口的连续 10 辆车的减速度数据进行统计（见表 3-11），可以发现第 2 车道直行车辆的平均减速度基本上在 -2.5~-4.0m/s^2 之间。而每辆车的最大减速度由于车辆性能和驾驶员驾驶行为的不同，在 -28~-40m/s^2 之间变化。

表 3－11　第 2 车道车辆的减速度计算

车辆序号	样本量	最大减速度/m · s^{-2}	平均减速度/m · s^{-2}	标准差
1	746	－28.33	－2.7720	2.95301
2	730	－34.00	－2.3277	2.84986
3	746	－29.57	－2.9460	2.94132
4	728	－28.83	－3.2816	3.59132
5	746	－35.84	－3.0568	3.21178
6	730	－31.66	－2.6316	3.15268
7	746	－33.54	－3.3785	4.57100
8	731	－36.42	－3.3179	3.38881
9	746	－33.87	－3.7522	3.88246
10	648	－29.56	－3.3555	3.05565
⋮	⋮	⋮	⋮	⋮

通过对先后通过交叉口的连续 8 辆车的加速度数据进行统计（见表 3－12），可以发现第 3 车道直行车辆的平均加速度基本上在 2.5～4.5m/s^2 之间。而每辆车的最大加速度由于车辆性能和驾驶员驾驶行为的不同，在 16.0～40.0m/s^2 之间变化。

表 3－12　第 3 车道车辆的加速度计算

车辆序号	样本量	最大加速度/m · s^{-2}	平均加速度/m · s^{-2}	标准差
1	1292	18.62	3.3283	2.77355
2	1257	18.64	3.2296	3.05432
3	1098	18.89	3.7295	3.21102
4	937	16.10	2.9036	3.05772
5	929	16.96	3.8172	3.25313
6	607	39.12	4.4337	5.94357
7	494	17.86	2.7436	2.28160
8	313	17.95	2.9847	3.15442
⋮	⋮	⋮	⋮	⋮

通过对先后通过交叉口的连续 7 辆车的减速度数据进行统计（见表 3－13），可以发现第 3 车道直行车辆的平均减速度基本上在－2.5～－5.0m/s^2 之间。而每辆车的最大减速度基本上在－35.0～－41.0m/s^2 之间变化。

表 3-13 第 3 车道车辆的减速度计算

车辆序号	样本量	最大减速度/m·s^{-2}	平均减速度/m·s^{-2}	标准差
1	770	-39.99	-2.7703	3.29318
2	771	-39.89	-2.9108	3.78457
3	769	-37.92	-2.8924	3.14903
4	770	-37.91	-3.3796	3.46213
5	770	-35.23	-3.1406	3.24080
6	770	-34.67	-4.7779	4.65720
7	703	-40.66	-3.2760	3.31132
⋮	⋮	⋮	⋮	⋮

图 3-23 所示为在三条直行车道上，不同车道的车辆最大加速度比较情况。

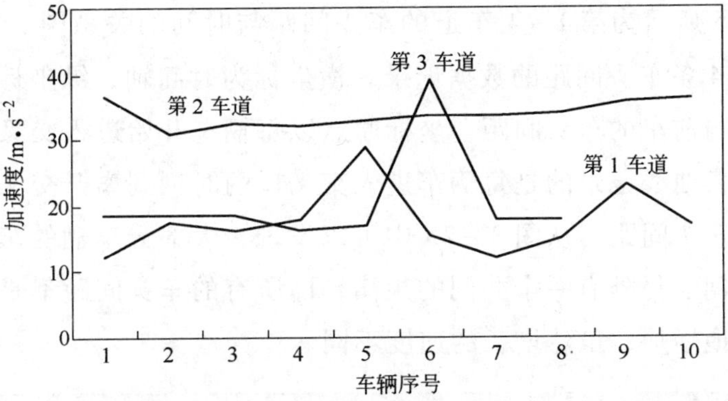

图 3-23 三条直行车道最大加速度

由图 3-23 可见第 1 车道和第 3 车道的最大加速度总体上低于第 2 车道的最大加速度，而且在第 1 车道和第 3 车道的第 5 辆车和第 6 辆车处会出现较大的加速度值。而第 2 车道的加速度值基本上都保持在一个均衡的状态。

图 3-24 所示为在三条直行车道上，不同车道的车辆最大减速度比较情况。

由图 3-24 可见第 1 车道的车辆最大减速度总体而言最小，第 2 车道的车辆最大减速度次之，第 3 车道的车辆最大减速度最大。三条车道的车辆的

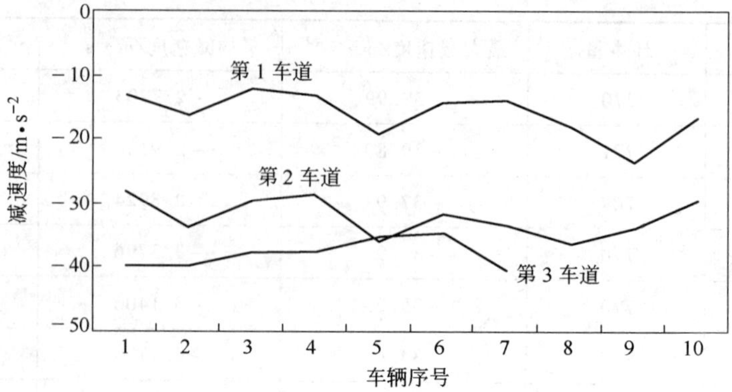

图 3-24 三条直行车道最大减速度

最大减速度值基本上都能够保持在一个均衡的状态。

3.3.5 车辆跟驰的混沌状态

图 3-25 所示为第 1~4 车道的车头间距与时间的关系图。共采集了 34 辆车的 10154 条车头间距的数据记录。横坐标为时间轴，纵坐标为每辆车经过交叉口时与前车的车头间距。坐标原点以每辆车开始进入交叉口的时刻算起。因此每条曲线记录的是每辆车进入交叉口的时刻到离开交叉口的时刻的时间段内的车头间距。从图 3-25 中可以发现，大部分车辆的车头间距位于 10~20m 之间。另外有一个共同的规律，即所有的车头间距都是随着时间的增长在不断地增加，虽然增长的速度不同。

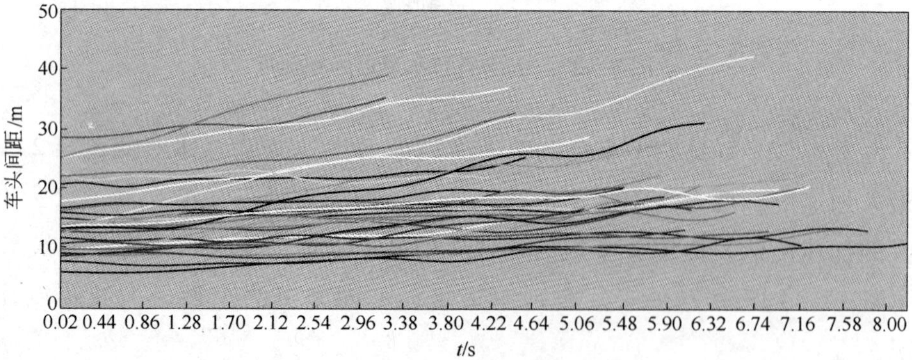

图 3-25 第 1~4 车道的车头间距与时间的关系图

（注：图中曲线依次表示某车道前后相邻两车车头间距。）

表3－14为上述的34辆样本车的车头间距的统计结果。结果显示，最小车头间距为5.98m，出现在信号交叉口启亮绿灯信号后的头车和第2辆车之间。

表3－14 34辆样本车车头间距

车辆序号	样本量	最小车头间距/m	最大车头间距/m	平均车头间距/m	标准差
1	461	5.98	13.74	9.3899	2.03958
2	361	8.77	20.55	14.2250	3.24984
3	346	9.86	20.12	13.9787	3.07983
4	378	8.86	13.54	10.0382	1.19602
5	389	11.14	13.69	12.1483	0.63997
6	291	14.55	18.87	16.0685	0.90401
7	158	28.55	35.31	30.9365	1.82387
8	225	20.31	25.44	22.0006	1.09939
9	270	16.32	19.62	17.8341	0.64393
10	217	25.21	37.02	31.0406	3.44068
11	334	13.38	42.36	27.3706	8.16198
12	255	17.89	28.79	23.4255	2.97810
13	367	7.16	18.76	11.9344	3.00131
14	351	7.84	21.88	16.4822	3.77541
15	289	13.85	22.47	17.4573	2.06810
16	326	14.56	19.91	16.3833	1.21334
17	304	12.74	17.22	13.9665	1.21618
18	308	13.38	20.64	15.1079	1.74012
19	296	13.26	16.64	14.6853	0.82229
20	207	21.03	23.09	21.9781	0.54955
21	292	12.63	27.82	20.5727	4.14590
22	325	13.06	16.45	15.0388	0.82358
23	272	13.45	20.48	16.6170	2.11333
24	159	25.26	39.08	32.3101	4.27677
25	357	7.19	12.11	8.8687	1.41400
26	220	22.12	32.81	25.7009	2.97240
27	213	16.72	19.96	18.1457	0.89231
28	271	15.60	20.17	17.0255	1.03132
29	301	8.54	13.35	10.0231	1.37577

续表 3－14

车辆序号	样本量	最小车头间距/m	最大车头间距/m	平均车头间距/m	标准差
30	253	10.54	16.80	12.3100	1.89156
31	346	9.12	18.28	13.6153	2.98127
32	310	13.38	31.23	20.8275	5.66316
33	361	13.64	20.60	17.3847	1.99742
34	341	9.87	13.16	11.4306	1.02509

图 3－26 所示是某采样周期内，绿灯启亮后，采集的第 1 辆车和第 2 辆车的车头间距与第 2 辆车速度的关系图。从图 3－26 可以发现，后车速度与车头间距之间呈现混沌关系。在其他车辆的车头间距与后车的速度关系图中呈现同样的规律。

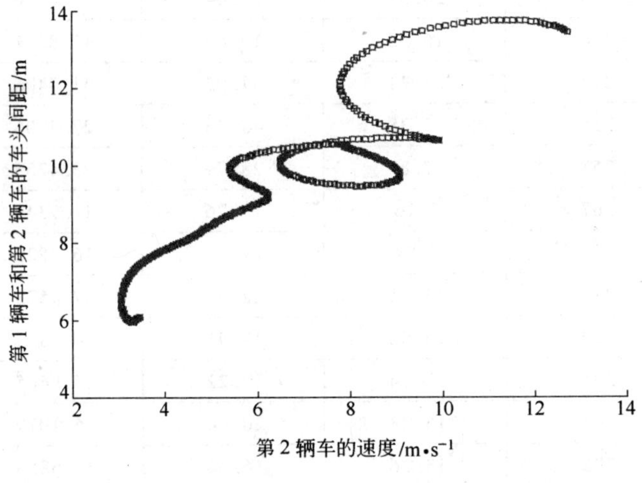

图 3－26 第 1 辆车和第 2 辆车的车头间距与第 2 辆车的速度的关系图

图 3－27 所示说明了车头间距与后车速度之间的关系。从图 3－27 可以发现，两者没有明显的函数关系，显示出混沌的状态。

关于路段车辆混沌状态的研究有许多资料可以参考，但是大部分资料都是基于仿真的方法得到的。由于采集方法的限制，无法很好地得到车头间距和车辆速度以及加速度数值，因此无法用实际数据来进行研究。本书用近景摄影测量的方法采集了上述的数据序列。借助于这些数据，可以检验车辆的跟驰是否处于混沌的状态。

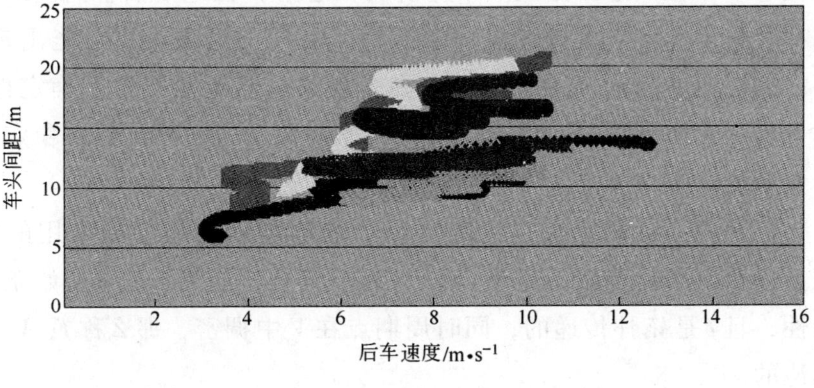

图 3-27 车头间距与后车速度之间的关系

何谓混沌动力系统？可以用一些十分简单的自然现象来解释相当复杂的动力系统：取一计算器并输入任一值，然后反复按一个函数键，这个迭代过程就是一个离散动力系统。例如，考虑 $\sin x$ 函数，在计算器中输入任一值，然后反复按 $\sin x$ 函数键，很快对于任何初始值 x_0 都会导致了趋于 0 的迭代序列。除了迭代函数之外，还存在许多其他类型的动力系统，其中微分方程就是一种连续的动力系统。是否给定函数对给定初始值的迭代总得到收敛于固定极限的序列呢？实际上并非如此，非常简单的函数，甚至简单的二次函数，迭代会导致稀奇古怪和无法预测的结果。例如，二次函数 $f(x)=4x(1-x)$，输入 0 ~ 1 之间的任何一个数，观察迭代结果，可以戏剧性地得到依赖于被输入的初始值 x 的不同形态，迭代结果有时重复，有时不重复，最经常的是它们在单位区间附近无目标地游荡且不具可辨别的方式。这种现象就是混沌现象，具有混沌现象的动力系统就是混沌动力系统。

自 20 世纪 70 年代混沌学正式诞生以来，到了现在，混沌科学与其他科学相互渗透。无论是在生物学、生理学、心理学、数学、物理学、化学、电子学、信息科学，还是天文学、气象学、经济学，甚至在音乐、艺术等领域，混沌都广泛地得到应用。从本质上讲，混沌是直接研究我们所看得见摸得着的宇宙以及在人类本身的尺度大小差不多的对象中发生的过程，所有日常生活经验与这个世界的真实图像都是我们研究混沌时所探索的目标。今天的科学认为，混沌无所不在。一支燃烧的香烟，烟纹袅袅涡卷；在风中，旗帜前后拍动；滴水的自来水龙头，水滴的花样由稳态变为随机；在飞行中的飞机的性态中；在高速公路上汽车拥挤的状态中；在地下油管内油的流动状态中，都会出现混沌。混沌中蕴含着有序，有序的过程中也可能出现混沌。简而言之，混沌就是无序中的有序。许多现象虽然遵循严格的确定性规则，但大体上仍是无法预测的。混沌主要讨论非线性动力学系统的不稳定的发散过程，但系统状态在相空间中总是收敛于一定的吸引子。

混沌有许多可行的定义，从遍历论中的测度理论概念到常用的拓扑方法，这里仅给出拓扑方法的定义：设 V 为一集合，如果 f 有对初始条件的敏感依赖性，且 f 是拓扑传递的，同时周期点在 V 中稠密，那么称 f: $V \to V$ 在 V 上是混沌的。

扼要地说，混沌现象具有以下三个要素：

（1）不可预测性。不可预测性是指混沌系统对初始条件的敏感依赖性，初始条件的变化可能导致结果面目全非，一个初始条件可能对应着数个结果值。

（2）不可分解性。不可分解性是指混沌系统的拓扑传递性，动力系统不能被分解为两个不相互影响的子系统。

（3）具有规律性的成分。具有规律性的成分是指混沌系统具有稠密的周期点，尽管混沌系统表面上是处于混乱无序的状态，但其本质上具有规律性的成分，还是有规律可循的。

图 3 -28 所示为典型的混沌现象——蝴蝶效应，即著名的混沌动力系统——洛伦茨方程。

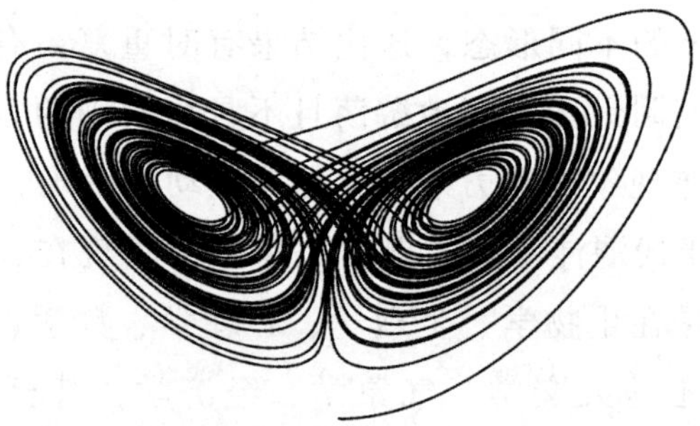

图 3 -28　典型的混沌现象——蝴蝶效应

因为后车司机不能非常准确地判断车头间距和后车司机不能精确地维持施加在油门上的压力，导致实际的车头间距始终在期望车头间距附近振荡，很少稳定在期望车头间距上。Weidman 把这一行为称之为振荡过程（oscillating processes)。

接下来，用定量的方法来进行混沌状态的判断。

对一维车头时距的时间序列，运用时间差法重构相空间，由时间序列恢复动力学系统运动轨迹的理论基础是嵌入定理。将此序列扩展到三维以上的高维空间中，以便充分展现时间序列中信息。假设某一时间序列 $\{X_i\}_{i=1}^{N}$（N 为数据长度），则可以由该时间序列采用时延技术生成一个 d 维位移相量族。

$$\begin{cases} \boldsymbol{Y}_1 = (X_1, X_{1+p}, X_{1+2p}, \cdots, X_{1+(d-1)p})^{\mathrm{T}} \\ \boldsymbol{Y}_2 = (X_{1+j}, X_{1+j+p}, X_{1+j+2p}, \cdots, X_{1+(M-1)+(d-1)p})^{\mathrm{T}} \\ \qquad\qquad\qquad \vdots \\ \boldsymbol{Y}_M = (X_{1+(M-1)}, X_{1+(M-1)+p}, X_{1+(M-1)+2p}, \cdots, X_{1+(M-1)+(d-1)p})^{\mathrm{T}} \end{cases}$$

式中，p 为重构时延；j 为时间序列中的任意坐标点。若采样间隔为 Δt，则相邻两相量对应分量之间的时间间隔为 $i\Delta t$；每一相量中两相邻分量之间的时间间隔为 $p\Delta t$。位移相量总数目为：

$$M = [N - (d-1)p - 1]/(j+1)$$

把这 M 个相量放入 d 维相空间中，即可重构出原系统的运动轨迹。在重构相空间的轨迹将重现混沌运动轨道的某些特性和混沌运动的规律。

首先要进行的是重构时延 p 的选取。大量的实验结果表明，从减少相应数据点之间的时间关联性考虑，可通过对数据序列的自相关函数的计算来讨论如何选取最佳延迟时间。设时间序列 $X(t)$ 的自相关函数为：

$$C(\lambda) = \lim_{T\to\infty} \frac{1}{T}\int_{-T/2}^{T/2} X(t)X(t+\lambda)\,\mathrm{d}t$$

式中，λ 为延迟时间；T 表示时间；$C(\lambda)$ 表示时刻 t 和时刻 $t+\lambda$ 运动的相互关联或相似程度。通过自相关函数曲线中重构吸引子与原吸引子的逼近程度来确定最佳的重构时延。

然后进行嵌入维数 d_{E} 的选取。实际上，无论在二维还是在三维空间观察混沌吸引子都会看到其相空间的轨迹是反复折叠的。这说明混沌吸引子的维数是大于二维或三维的，因此势必造成信息的损失。反之，为了打开吸引子的轨迹而嵌入维数太大就会增加计算量，同时随之而引起的噪声的影响将不可忽视。因此，选取一个恰当的嵌入维数 d_{E} 使吸引子能完全打开，又不引起过多的噪声，就显得十分必要。因此需要进行最近邻判断。计算 d 维相空间中的任一点 $\boldsymbol{Y}_{\mathrm{K}}$ 和它的最近点 $\boldsymbol{Y}_{\mathrm{K}}^{N}$ 的距离。计算 d 由小变大时的虚假最近邻

数目 N，再计算嵌入维数从 d 到 $d+1$ 时 N 的变化量 ΔN。作 $\Delta N/N-d$ 的曲线，在 $\Delta N/N$ 刚降为零（吸引子完全被打开）时的 d 值就为所求的 d_E。

根据采集到的车头间距的数据，运用上述的重构空间法进行运行轨迹的重构。图 3－29 所示是原时间序列的空间相图。可以看出原数据序列是一个具有随机性的非周期信号。

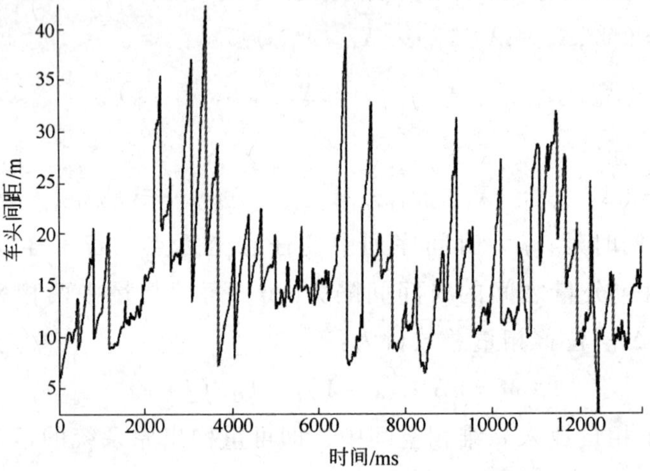

图 3－29 原时间序列的空间相图

首先计算重构时延 p。通过自相关函数曲线图（图 3－30）的绘制，可以发现取值 100，由于原时间序列采样周期是 0.02s，因此重构时延为 2s。此时，重构因子与原吸引子的逼近程度较好。

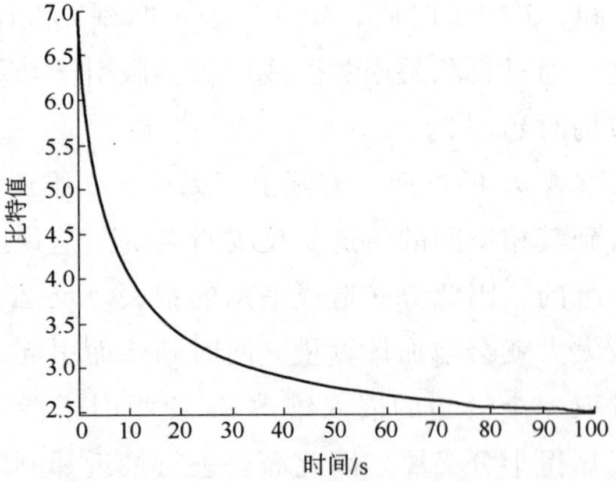

图 3－30 自相关函数曲线图

进行嵌入维数 d_E 的选取。这里使用Cao方法计算得到最小嵌入维数图（见图3－31）。从图3－31可以看出，在维数为3时，曲线有变化的折点。

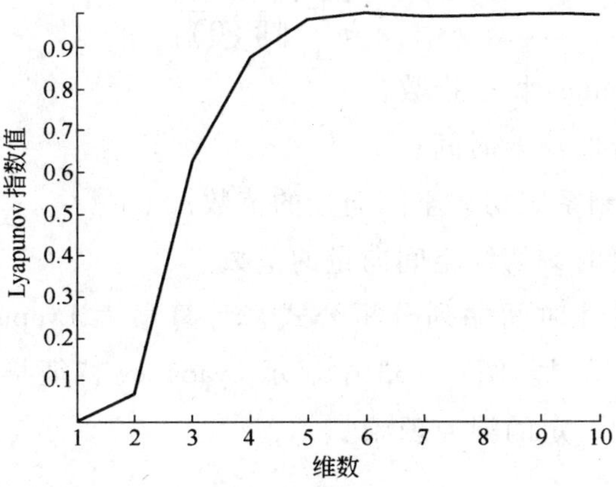

图3－31　维数为3时最小嵌入维数图

图3－32所示是根据计算出的重构时延（2s）和嵌入维数（3）进行的吸引子的重构。从图3－32中可以看出，系统是混沌的状态。

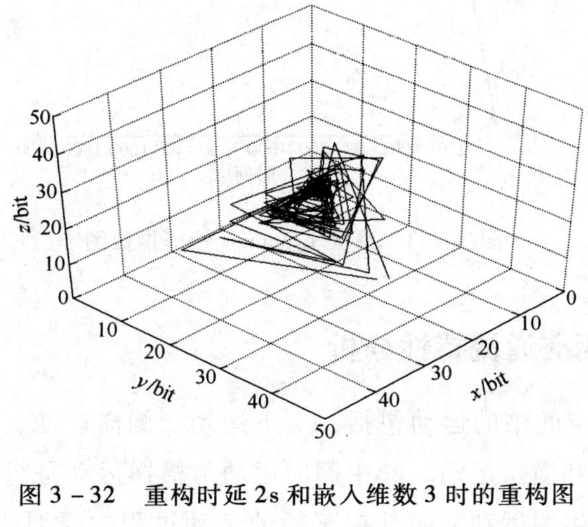

图3－32　重构时延2s和嵌入维数3时的重构图

最后通过计算最大李雅普诺夫（Lyapunov）特征指数来定量地判断状态。

李雅普诺夫（Lyapunov）特征指数可以用动力系统 M 中，t_0 时刻和 t 时刻基准轨线及其相邻轨线间切向量 W 范数的变化来衡量。系统的一维 Lyapunov 特征指数定义如式（4-1）所示。当李雅普诺夫特征指数大于0时，表明系统存在混沌现象。

$$LE = \frac{1}{t}\ln\frac{\|W(t)\|}{\|W(0)\|} \tag{4-1}$$

式中 LE——Lyapunov 特征指数；

t——系统的演变时间；

$\|W(t)\|$——t 时刻系统切线空间向量的范数；

$\|W(0)\|$——初始时刻切线空间向量的范数。

这里采用非线性时间序列分析公式来计算最大 Lyapunov 特征指数。图3-33所示为计算结果。图3-33中显示 Lyapunov 特征指数大于0，表明车辆之间的跟驰呈现一定的混沌现象。

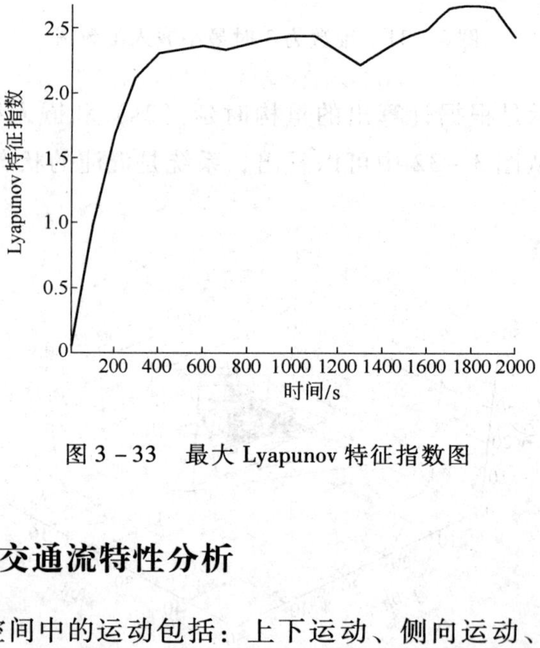

图3-33 最大 Lyapunov 特征指数图

3.4 转弯车辆交通流特性分析

车辆在三维空间中的运动包括：上下运动、侧向运动、纵向运动、侧倾运动、仰俯运动和横摆运动。其中侧向运动与横摆运动是行驶过程中的车辆进行转向操纵产生的运动，而且在车辆的运动过程中需要进行稳定性控制，即进行纵向位移、侧向位移和横摆角速度三个方向的整车运动和四个车轮的回转运动以及前轮的转角。一般情况下，车辆在转弯的时候需要向心力的作用。在路面水平的情况下，向心力由路面对轮胎横面的静摩擦力来提供。假设汽车的质量为 m，如图3-34所示，转弯车辆在转弯的过程中，其转弯曲

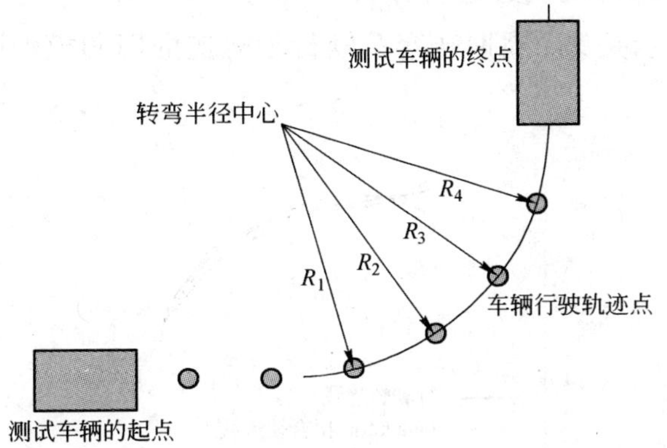

图 3－34 转弯车辆行驶轨迹分析图

线上的每个点都有对应的转弯半径 R_i。那么该向心力的计算公式为：$F = m\dfrac{v_i^2}{R_i}$。转弯曲线上每一点的转弯半径的计算公式为：

$$R_i = \frac{v_i}{\omega_i} \tag{4-2}$$

式中 v_i——在转弯曲线上每一点的点速度；

ω_i——偏航角速度或者横摆角速度，即车辆绕垂直于地面轴线方向的旋转角速度。

这样就可以根据下式计算出车辆在转弯时的安全速度：

$$v_{\mathrm{saf},i} = \sqrt{a_{y,\max} \cdot R_i} \tag{4-3}$$

式中 $v_{\mathrm{saf},i}$——车辆转弯时的安全速度；

$a_{y,\max}$——最大安全横向加速度。

这样，车辆以最低安全速度所行驶过的每个点连接起来就形成了车辆的安全转弯行驶轨迹。

对于在车队中行驶的车辆而言，不仅要满足自身的转弯的安全行驶速度，也要满足与前车保持一定的安全距离，也就是说车辆的转弯速度也要同时满足不与前车发生追尾事故。因此车辆的实际行驶轨迹是同时受转弯的安全行驶速度和前车的行驶速度所影响的。

3.4.1 转弯车辆行驶轨迹分析

由于信号交叉口中左转车辆运行影响交叉口通行效率较大，因此本书重点对左转弯车辆的行驶轨迹进行分析。

图3-35所示是第i周期转弯车辆行驶轨迹的回归模型图。

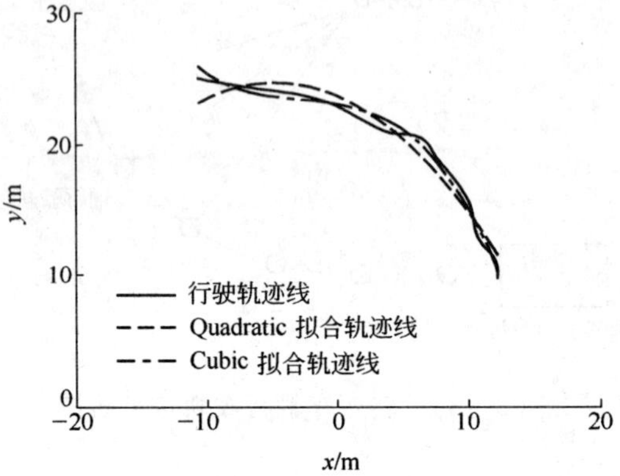

图3-35 第i周期转弯车辆行驶轨迹回归模型图

进行Cubic拟合三次方程分布（$y=b_0+b_1x+b_2x^2+b_3x^3$），得到的判定系数$R^2=0.989$（接近于1），做拟合优度检验，方差分析表明：$F=10102.0$，$P=0.000$，拟合度很好。三次方程为：$y=22.9953-0.1657x-0.0272x^2-0.0035x^3$。

进行Quadratic拟合二次方程（$y=b_0+b_1x+b_2x^2$），得到的判定系数$R^2=0.959$（接近于1），做拟合优度检验，方差分析表明：$F=4059.43$，$P=0.000$，拟合度很好。二次方程为：$y=23.6771-0.4284x-0.0459x^2$。

图3-36所示是第$i+1$周期转弯车辆行驶轨迹的回归模型图。

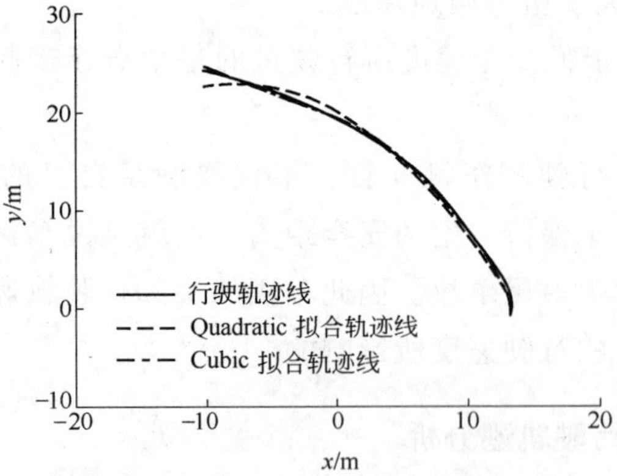

图3-36 第$i+1$周期转弯车辆行驶轨迹回归模型图

进行 Cubic 拟合三次方程分布（$y=b_0+b_1x+b_2x^2+b_3x^3$），得到判定系数 $R^2=0.996$（接近于 1），做拟合优度检验，方差分析表明：$F=36865.8$，$P=0.000$，拟合度很好。三次方程为：$y=19.2592-0.6182x-0.0318x^2-0.0022x^3$。

进行 Quadratic 拟合二次方程（$y=b_0+b_1x+b_2x^2$），得到的判定系数 $R^2=0.992$（接近于 1），做拟合优度检验，方差分析表明：$F=27269.3$，$P=0.000$，拟合度很好。二次方程为：$y=19.93-0.7726x-0.0507x^2$。

图 3－37 所示是第 $i+2$ 周期转弯车辆行驶轨迹的回归模型图。

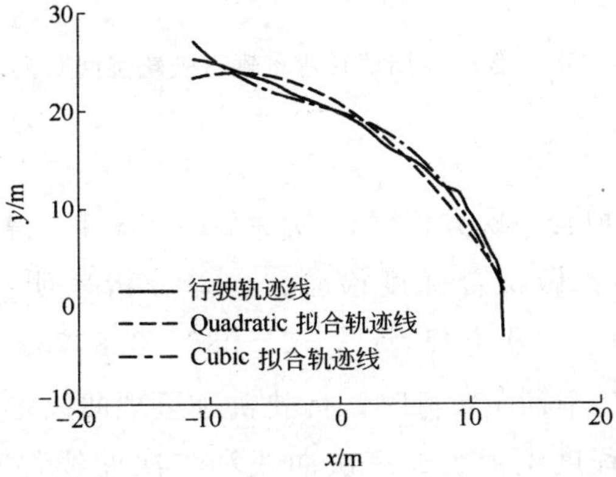

图 3－37　第 $i+2$ 周期转弯车辆行驶轨迹回归模型图

进行 Cubic 拟合三次方程分布（$y=b_0+b_1x+b_2x^2+b_3x^3$），得到判定系数 $R^2=0.977$（接近于 1），做拟合优度检验，方差分析表明：$F=9071.02$，$P=0.000$，拟合度很好。三次方程为：$y=19.7073-0.4466x-0.0291x^2-0.0042x^3$。

进行 Quadratic 拟合二次方程（$y=b_0+b_1x+b_2x^2$），得到的判定系数 $R^2=0.962$（接近于 1），做拟合优度检验，方差分析表明：$F=8233.41$，$P=0.000$，拟合度很好。二次方程为：$y=20.5-0.8237x-0.0512x^2=-0.0512(x+7.691)^2+23.5$。

图 3－38 所示是第 $i+3$ 周期转弯车辆行驶轨迹的回归模型图。

进行 Cubic 拟合三次方程分布（$y=b_0+b_1x+b_2x^2+b_3x^3$），得到判定系数 $R^2=0.954$（接近于 1），做拟合优度检验，方差分析表明：$F=6525.06$，$P=0.000$，拟合度很好。三次方程为：$y=19.4822-0.2299x-0.0386x^2-$

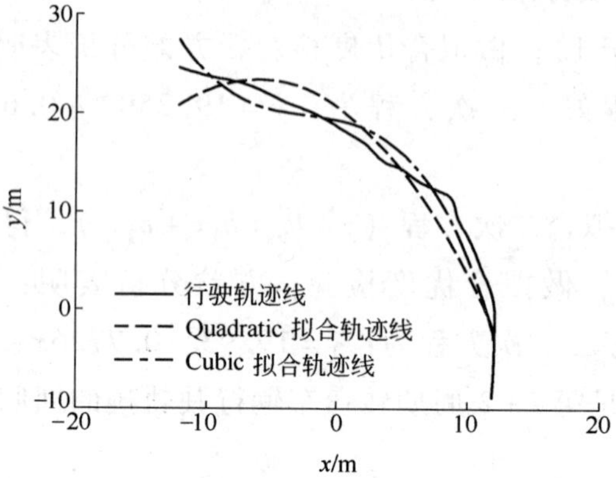

图 3 - 38　第 $i+3$ 周期转弯车辆行驶轨迹回归模型图

$0.0064x^3$。

进行 Quadratic 拟合二次方程（$y=b_0+b_1x+b_2x^2$），得到的判定系数 $R^2=0.954$（接近于 1），做拟合优度检验，方差分析表明：$F=6264.2$，$P=0.000$，拟合度很好。二次方程为：$y=21.088-0.8776x-0.075x^2$。

分析结果表明，车辆左转弯时，行驶轨迹呈现曲线形状。从拟合的曲线对观测轨迹的拟合程度上而言，三次曲线和二次曲线都有比较好程度的符合。从研究问题方便的角度选择二次曲线，可减少参数，因此一般而言，车辆在左转时的曲线方程为：

$$y=b_0+b_1x+b_2x^2=\lambda(x+\alpha)^2-\beta^2$$

其中：

$x=x_0$，$y=y_0$；

$x=x_1$，$y=y_1$。

已知，x_0、y_0 分别为转弯车辆进入交叉口处的横坐标和纵坐标；x_1、y_1 分别为转弯车辆离开交叉口处的横坐标和纵坐标。

3.4.2　转弯车辆速度特性分析

图 3 - 39 所示是某一信号周期左转弯连续前 6 辆车的速度变化图。

选取了 9 辆转弯车辆，共 4957 个速度值进行统计分析（见表 3 - 15）。结果表明，转弯车辆的平均速度为 4m/s（即 14.4km/h）。

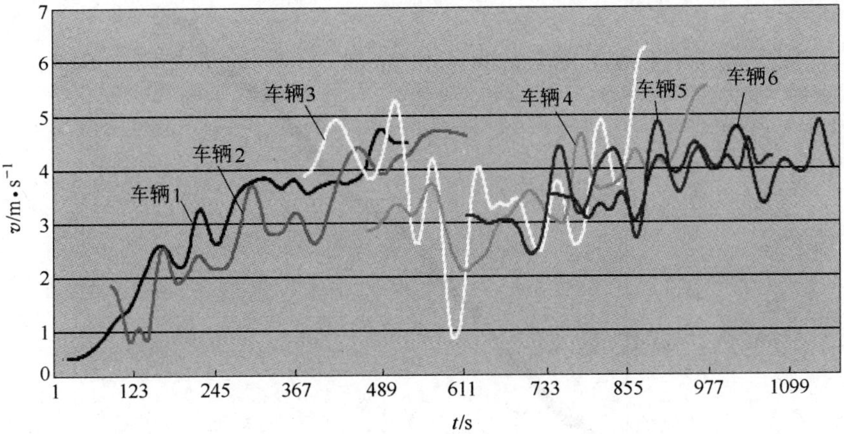

图 3－39 某一信号周期左转弯连续前 6 辆车速度变化图

表 3－15 速度统计分析表

车辆序号	样本量	最小速度/$m \cdot s^{-1}$	最大速度/$m \cdot s^{-1}$	平均速度/$m \cdot s^{-1}$	标准差
1	290	1.63	5.47	4.2168	0.87201
2	363	1.62	5.47	3.9724	0.68249
3	512	1.63	6.01	4.0455	0.73714
4	601	1.64	6.54	4.1243	0.91270
5	686	1.62	6.49	4.0781	0.79604
6	583	0.83	5.22	2.8371	1.06374
7	568	1.00	5.74	3.0894	1.16078
8	712	0.66	5.09	2.9283	1.31851
9	642	0.75	5.58	2.9090	1.42361

另外，对左转车辆的横向加速度进行研究。

选取左转车辆的横向加速度 1098 条数据。对这些数据进行 $P-P$ 概率图绘制。$P-P$ 概率图绘制（$P-P$ probability plots）是根据变量的累积比例对所指定的理论分布累积比例绘制的图形，它是一种直观的探查样本数据是否与某个概率分布的统计图形相一致的方法。如果被检验的数据符合所指定的分布，代表样本数据的点族在一条直线上。

图 3－40 和图 3－41 所示为进行 $P-P$ 概率图绘制的结果。

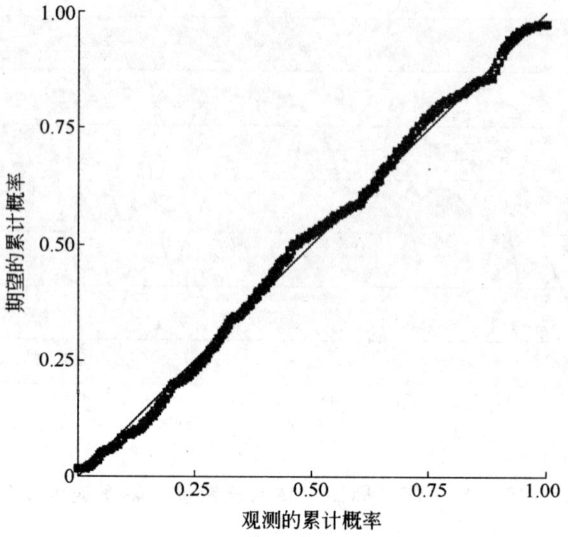

图 3-40　正态分布 $P-P$ 概率图

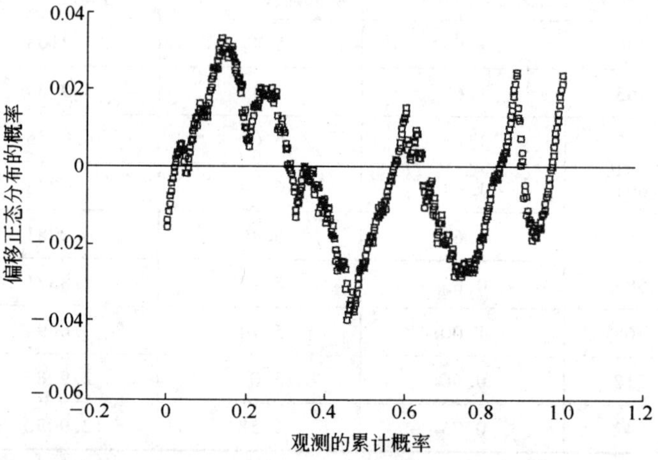

图 3-41　无趋势正态分布 $P-P$ 概率图

经过检验可以看出，左转车辆的横向加速度值的分布符合正态分布，其正态分布函数的公式为：

$$f(x) = \frac{1}{\sqrt{2\pi}}\int_{-\infty}^{x} e^{-\frac{(t+0.4)^2}{2}} dt$$

总体而言，车辆在左转通过交叉口的过程中，其横向加速度基本上遵循正态分布，分布函数为：

$$f(x) = \frac{1}{\sqrt{2\pi\sigma}}\int_{-\infty}^{x} e^{-\frac{(t-\mu)^2}{2\sigma^2}} dt$$

对左转车辆横向加速度的统计结果见表3-16。

表3-16 左转车辆横向加速度统计表

车辆序号	样本量	最小横向加速度 /m·s^{-2}	最大横向加速度 /m·s^{-2}	平均横向加速度 /m·s^{-2}	标准差
1	468	-2.31	1.34	-0.4167	0.89484
2	630	-2.68	2.71	-0.4000	1.03128
⋮	⋮	⋮	⋮	⋮	⋮

统计结果表明，左转车辆的横向最大加速度为2~3m/s^2。

3.4.3 转弯车辆加速度特性分析

车辆驾驶是一种复杂的智能行为，在驾驶过程中驾驶员需要综合处理视线中的目标和周围环境相互约束的问题。对于一个信号控制交叉口而言，驾驶员在通过这个交叉口的过程中，要注意保持与周围车辆的安全距离，注意路面的起伏，注意路面的障碍物，注意信号灯的变化等，因此在这个过程中，会出现驾驶员控制车辆驾驶速度的变化，同时也存在着车辆加速度的变化。

从图3-42可以看出，车辆在通过交叉口的过程中存在连续不断的加速行为和减速行为，说明驾驶员在左转通过交叉口的过程中，由于要观察路面情况和保持前后车安全距离，需要不断地调整车辆的速度，也就是不断地调整

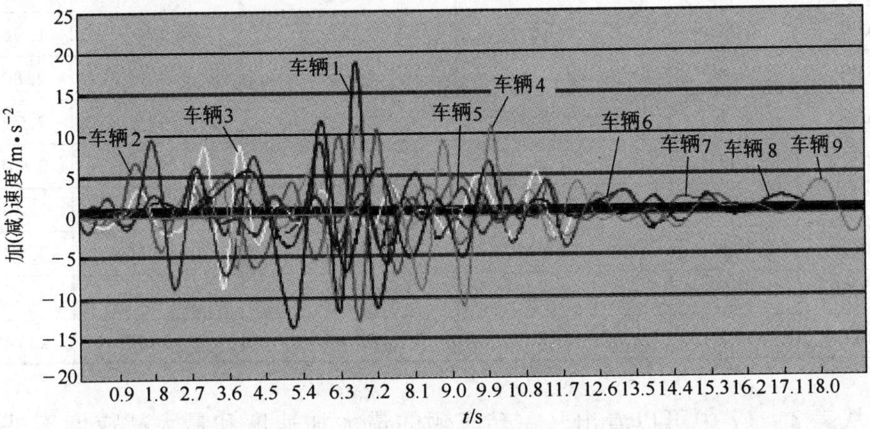

图3-42 同一左转车道的左转车辆的加（减）速度情况

自己的驾驶行为。而左转车辆相对于直行车辆而言，更容易受到行人及非机动车的干扰。因此，加速跟驰状态和减速跟驰状态出现在左转车辆的行驶过程中。

图3-43也说明了同样的问题。

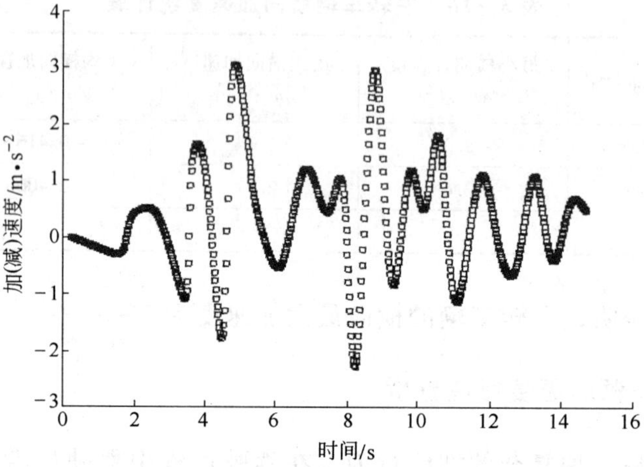

图3-43 单一车辆的加（减）速度

首先分析左转车辆的加速度。表3-17中的VARi，其中i表示的是该左转车道上的车辆前后顺序，VAR02表示的是这组样本中的第2辆车的行驶情况，该表为采集到这一组左转车辆的最大加速度和最大减速度的统计情况。

表3-17 车辆的加速度统计表

车辆编号	样本量	最大减速度/$m \cdot s^{-2}$	最大加速度/$m \cdot s^{-2}$	平均值/$m \cdot s^{-2}$	标准差
VAR02	393	-11.78	18.66	0.5833	4.81110
VAR03	496	-4.18	6.62	0.9242	1.96133
VAR04	614	-8.91	8.55	0.4060	2.80017
VAR05	671	-9.76	11.03	0.4750	2.79486
VAR06	709	-8.83	9.34	0.4063	2.40229
VAR07	741	-7.23	7.32	0.3680	2.86034
VAR08	811	-12.86	10.51	0.4016	3.22564
VAR09	907	-13.62	11.64	0.3234	3.45839
VAR10	976	-11.10	10.84	0.1974	2.74290

从表3-17中可以看出，左转车辆的最大加速度和最大减速度不是在一个固定值的周围变动，也就是说由于驾驶员的个体驾驶行为的差异性以及对

路况前方车辆的情况而进行的驾驶行为，呈现出不同的加速度特性。最大减速度变化范围为 $-4.18 \sim -13.62\mathrm{m/s^2}$，最大加速度变化范围为 $6.62 \sim 18.66\mathrm{m/s^2}$。

对左转车道样本车辆的加速度进行各种函数分布的拟合，最后发现所调查的样本中有75%的加速度数据对正态函数分布图的拟合最为合理，但是仍有近四分之一的车辆不符合正态函数的分布。图3-44和图3-45所示是拟合的正态分布 $P-P$ 概率图和无趋势正态分布 $P-P$ 概率图。

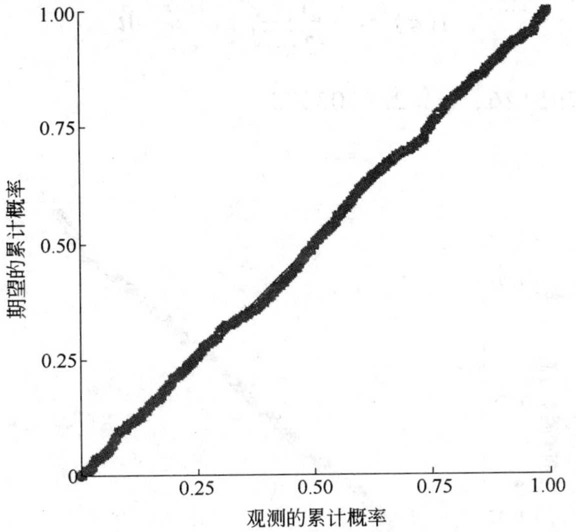

图3-44　左转车道第6辆车加速度正态函数拟合曲线

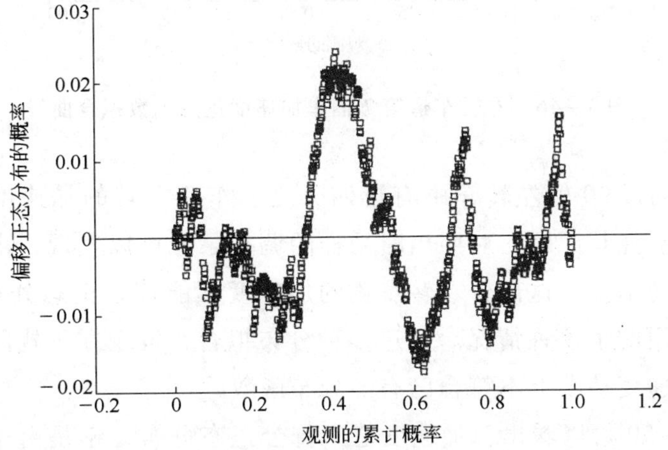

图3-45　左转车道第6辆车加速度无趋势正态函数拟合曲线

经过检验可以看出，左转车道车辆的加速度值的分布符合正态分布，其正态分布函数的公式为：

$$f(x) = \frac{1}{\sqrt{2\pi\sigma}}\int_{-\infty}^{x} e^{-\frac{(t-\mu)^2}{2\sigma^2}} dt$$

式中，$\mu = 0.27592857$；$\sigma = 1.6451824$。

根据图3－46和图3－47，经过检验可以看出，左转车道车辆的加速度值的分布符合正态分布，其正态分布函数的公式为：

$$f(x) = \frac{1}{\sqrt{2\pi\sigma}}\int_{-\infty}^{x} e^{-\frac{(t-\mu)^2}{2\sigma^2}} dt$$

式中，$\mu = 0.36795126$；$\sigma = 2.8603373$。

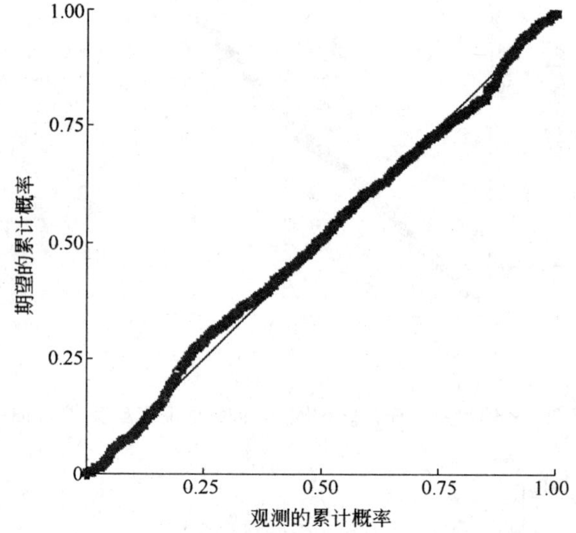

图3－46　左转车道第7辆车加速度正态函数拟合曲线

在调查的近90辆左转车中有近四分之一车辆左转的加速度值是不符合正态分布的。究其原因，对照当时采样的调查录像可以发现，由于受到非机动车和行人的干扰，这部分左转车辆的加速度不能符合正态分布。图3－48和图3－49说明了这种情况。经过多种分布拟合，发现在干扰的情况下，左转车辆的加速度基本上不符合已有的分布函数。

由图3－50可以看出，加速度值不符合正态分布，正是由于照片中圆圈所标出的行人和非机动车的影响，才使得左转车辆的加速度数据不能分布成

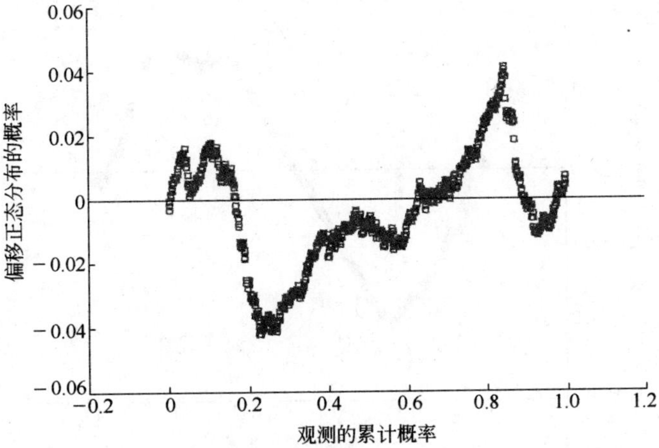

图 3-47 左转车道第 7 辆车加速度无趋势正态函数拟合曲线

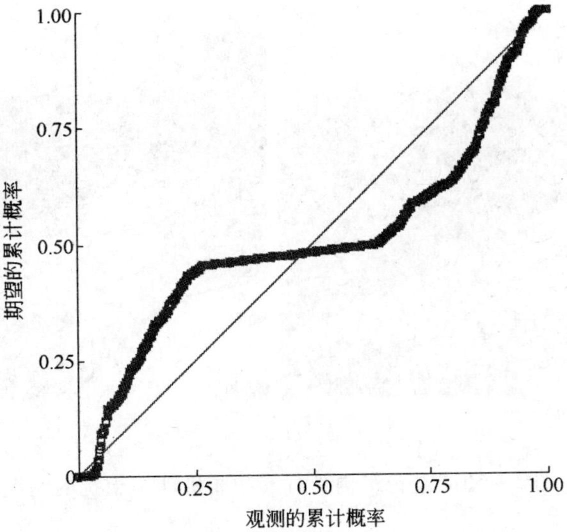

图 3-48 左转车道第 10 辆车加速度正态函数拟合曲线

任何一个合理的函数图形。

另外，由图 3-51 和图 3-52 的分析可知，左转车辆在经过路口的前期（从待转区开始行驶 6s，图中粗线段左侧）时速度变化较大，而后期（约在 6s 之后，图中粗线段右侧）有基本稳定的跟驰状态。说明在前期，路口左转的车辆由于要注意保持与周围车辆的安全距离，注意路面的起伏，注意路面

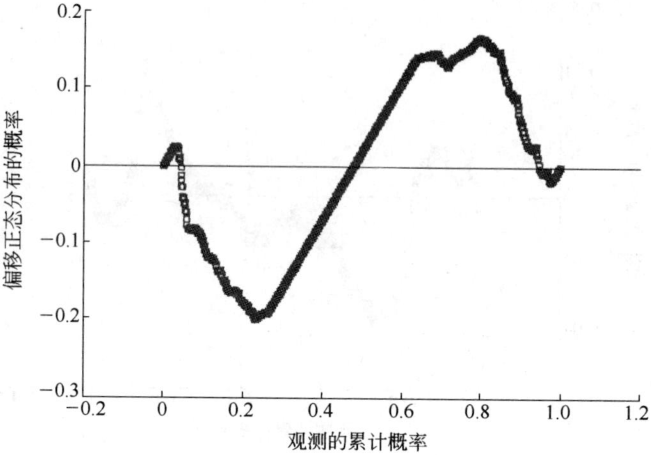

图3－49　左转车道第10辆车加速度无趋势正态函数拟合曲线

(a)　　(b)

图3－50　左转车辆受行人和非机动车干扰的情况

的障碍物，注意避让行人和非机动车等，因此在这个过程中，会出现驾驶员控制车辆驾驶速度的较为剧烈的变化，同时也就有车辆的加速度的变化。而由于车辆左转之后变为直行，路面行人及车辆情况不再复杂，从而车辆的速度变化起伏不大，基本稳定在一个固定值的周围，开始基本稳定的跟驰状态。

上述对直行车辆和转弯车辆行驶轨迹的研究基本上从理论上给出了车辆运行规律。其中对跟驰模型的研究一直是交通流理论研究中的重点。在跟驰

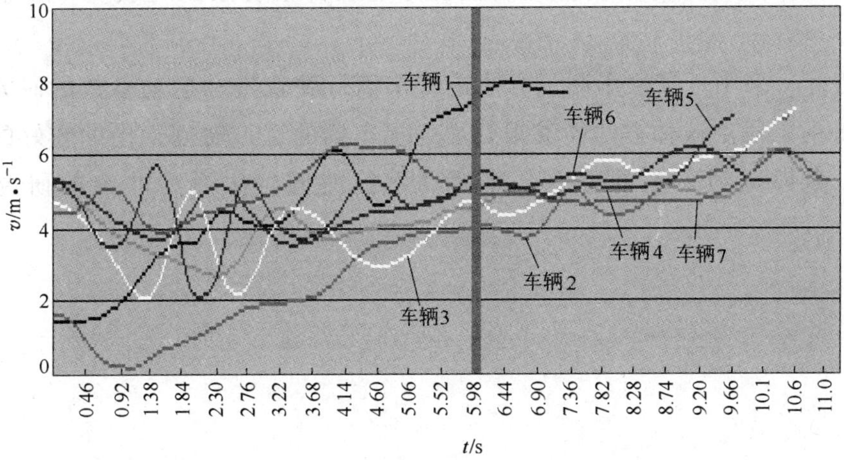

图 3－51 某周期左转车辆速度分布图

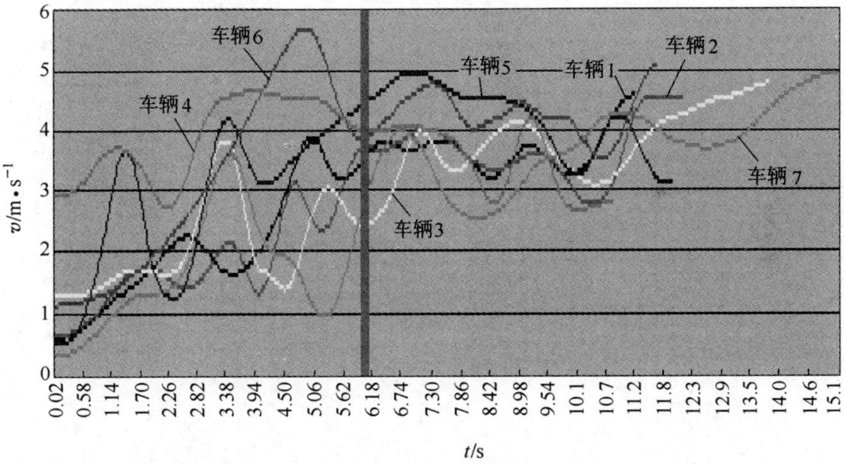

图 3－52 左转车辆速度分布图

模型研究中，需要获得多个车辆的连续时间上的位置、速度、加速度等微观参数，这样才能在前后车的变化过程中找出运动的规律和控制机制，而这样的微观参数采集依靠通常交通控制过程中采用的交通流数据采集设备是无法胜任的。已有的信息采集手段中，机械检测工具、光学检测工具、雷达检测工具和 GPS 检测等都有一个缺点，即被测对象知道自己在进行试验。这样会对驾驶行为产生一定的影响，而这种影响是难以进行量化评价和消除的。存在的另一个问题是由于设备限制往往只能获得很有限的驾驶员-车辆单元样本。

因此，采用近景摄影测量方法进行车辆行驶轨迹和运动参数的研究是一个较好的手段。这种方法能够很好地捕捉车辆的运行轨迹，借助较好的分析工具，能够得到车辆的位置、速度和运行时间，从而为冲突的研究提供数据。

第4章 信号交叉口自行车交通流特性分析

自行车方便、灵活、价格低廉，在我国是深受城市居民喜爱的交通工具，比较适合我国居民的生活水平和城市发展现状。对自行车的交通特性进行分析，旨在对自行车自身有一个全面的了解，为自行车发展规划与管理提供理论依据，对城市交通规划、交通管理都有着重要的作用。

4.1 自行车个体特性

4.1.1 自行车速度特性分析

通过在信号交叉口进行坐标系的标定，利用视频分析软件对录像视频进行分析，可以得到自行车通过信号交叉口过程中，每间隔0.04s的各个时刻的坐标。视频分析软件利用得到的坐标通过计算坐标差再除以发生这段坐标差的时间，可计算出自行车沿 x 轴的速度与沿 y 轴的速度，然后通过合成便可计算出自行车在通过信号交叉口过程中，每间隔0.04s的各个时刻的速度。

采集信号交叉口自行车速度原始数据245个，首先为保证数据的有效性和代表性，在数据分析前先进行数据筛选，将各类数据最高与最低的四个都筛选去，因此得到有效数据237个。

将交叉口单个自行车的平均速度数据分类进行统计，分别以1m/s为间隔，统计在两整数速度之间的速度个数，例如分别统计在0～1m/s之间、1～2m/s之间的速度个数。统计完成后，可绘得行驶速度的比率分布图，如图4－1所示。

在观测样本中，速度为2～3m/s的自行车的比例高达45%，速度在1～2m/s之间的自行车与速度在3～4m/s之间的自行车占总样本数的比例相差

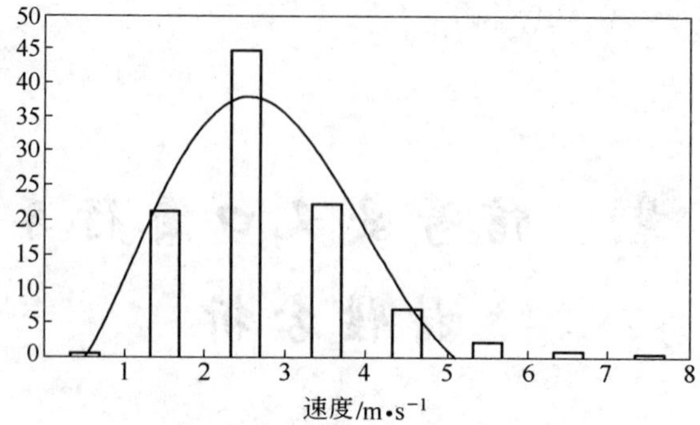

图 4－1 行驶速度的比率分布图

不大，均在 20% 左右，其速度总体分布趋势拟合线如图 4－1 中的细黑线所示。

4.1.2 自行车加速度特性分析

由于自行车在通过信号交叉口的过程中，它的加速或减速过程整体上为变加速或变减速过程，自行车的加（减）速度始终在变化，因此本节采用视频分析软件输出的每隔 0.04s 的各个时刻的加（减）速度值作为分析对象。因此，加（减）速度的数量较大，共得加速度数据 22081 个，减速度数据 25182 个。

将得到的加速度数据分类进行统计，分别以 $1m/s^2$ 为间隔，统计在两整数加速度之间的加速度个数，例如分别统计在 $0 \sim 1m/s^2$ 之间、$1 \sim 2m/s^2$ 之间的加速度个数。统计完成后，可绘得加速度的比率分布图，如图 4－2 所示。

由图 4－2 可知，自行车在通过信号交叉口的过程中，大部分的自行车加速度值在 $0 \sim 1m/s^2$ 之间，这说明自行车在通过信号交叉口的过程中，大部分自行车没有比较剧烈的加速过程，经计算后的平均加速度为 $0.7878m/s^2$。

与绘制加速度比率分布图原理相同，可绘得自行车通过信号交叉口的减速度比率分布图，如图 4－3 所示。

由图 4－3 可知，自行车在通过信号交叉口的过程中，大部分的自行车减速度值在 $0 \sim 1m/s^2$ 之间，这说明自行车在通过信号交叉口的过程中，大

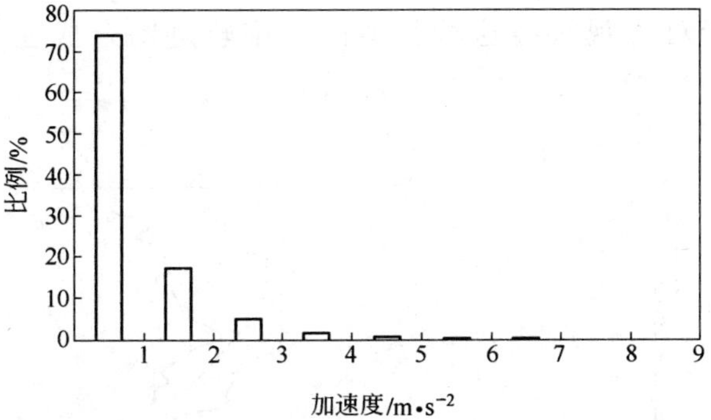

图4-2 加速度的比率分布图

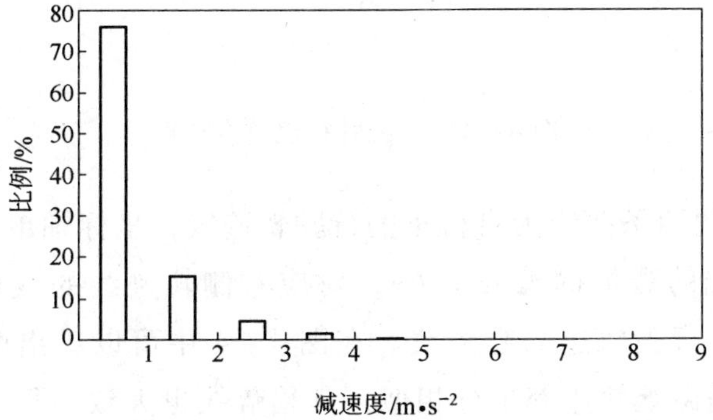

图4-3 减速度比率分布图

部分自行车没有比较剧烈的减速过程。

4.1.3 自行车行驶轨迹分析

通过视频分析软件输出的每间隔0.04s的各个时刻的坐标，利用Excel程序可以画出各个自行车通过信号交叉口的二维轨迹图，利用SPSS程序可以画出各个自行车通过信号交叉口的三维轨迹图从而进行进一步分析。

通过视频观察与数据分析发现，低密度自行车交通流在信号交叉口处具有某些特定的骑行行为，现从轨迹角度进行分析。

4.1.3.1 并行行为

通过视频观察与轨迹图分析，发现某些自行车的轨迹图形状以及走向都十分相似，观察过程中同时发现这种轨迹形状和走向相似的自行车数量一般为两辆，为便于对比观察将这种相似的二维轨迹图合成在一张图中，如图 4－4 所示。

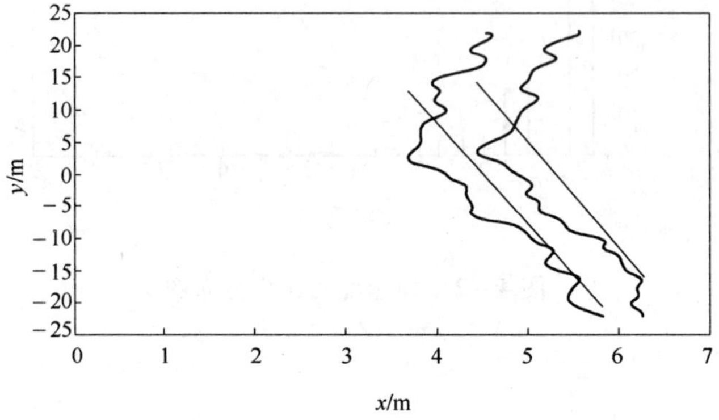

图 4－4　二维并行轨迹合成图

图 4－4 中的两条曲线为自行车的行驶轨迹线，坐标轴单位均为 m，其中对应左侧轨迹线的数据的编号为 69，对应右侧轨迹线的数据的编号为 70，细直线为自行车行驶轨迹的趋势线。在图 4－4 中可以看出两辆自行车轨迹无论是走向还是微观轨迹都十分相似，其趋势线也大致平行，故将这类并列在一起行驶的自行车的微观行为称为“并行行为”。

为充分说明图 4－4 中两辆自行车的轨迹是在相同时间内发生的，故将时间作为一项坐标轴绘制三维轨迹图，如图 4－5 所示。

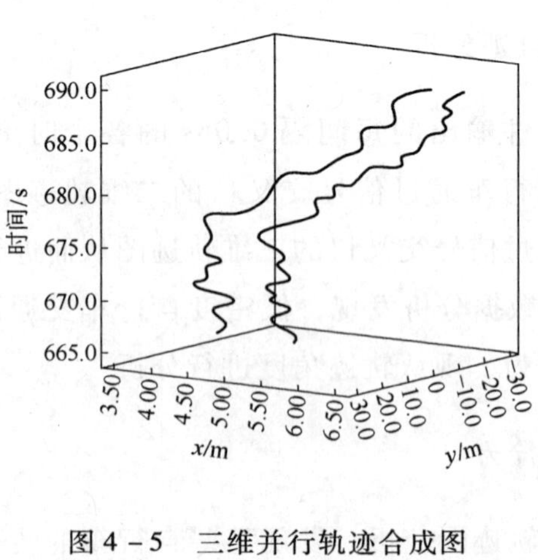

图 4－5　三维并行轨迹合成图

4.1.3.2 偏移行为

在得到的轨迹图中发现，有一类自行车的轨迹在直行过程中的横向跨度非常大，有的跨度甚至跨越了非机动车道和人行道的总宽度，如图 4－6 所示。

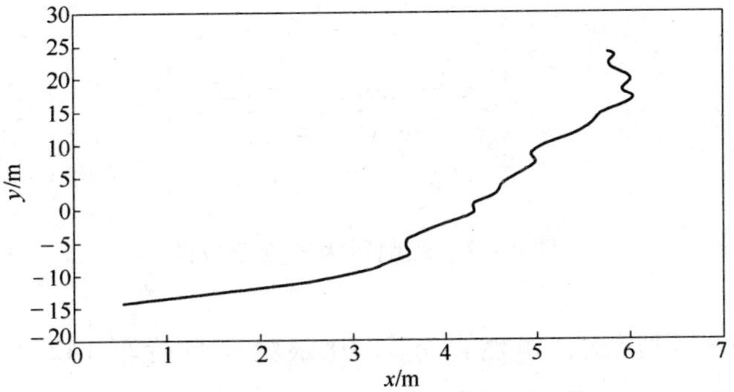

图 4－6 偏移轨迹二维图

图 4－6 中的曲线为自行车的行驶轨迹线，自行车的行驶方向为由右上方驶向左下方。其中横坐标 0～5m 范围内为人行道，5～7m 范围内为非机动车道。由图 4－6 可以看出，自行车在通过交叉口的过程中，在直行的同时还在向右穿插移动，最终导致自行车的横向跨度较之其他的自行车要大很多，这种直行过程中横向位移很大的自行车的微观行为称为“偏移行为”。

4.1.3.3 跟驰行为

通过视频观察与轨迹分析发现，当信号交叉口的绿灯亮起后，自行车开始启动通过交叉口，在多辆自行车一起通过交叉口的过程中，有一些自行车会跟随在它前方的自行车后边行驶而不采取加速超车行为，把这种后车跟随前车行进的行为称为“跟驰行为”，如图 4－7 所示。

如图 4－7 所示，在任意时刻，编号为 142 的自行车 y 坐标在数值上总是小于编号为 50 的自行车 y 坐标值，可知自行车 142 在行驶方向上的位置总是提前于自行车 50，即自行车 50 总是跟随在自行车 142 的后边行驶且不采取超车，即为跟驰行为。

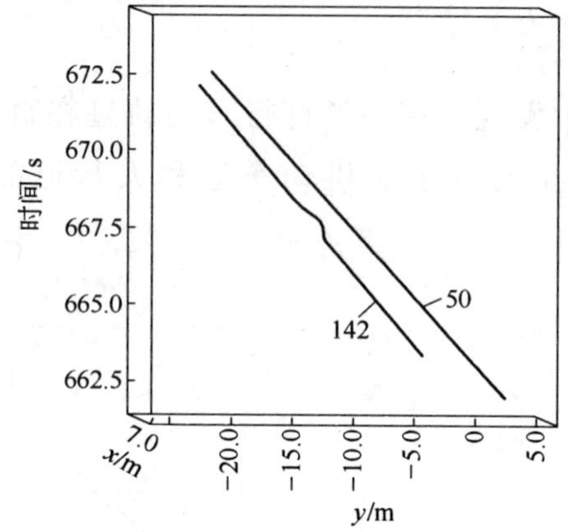

图4－7　跟驰行为三维合成图

由图4－7还可得出，虽然自行车50跟驰在自行车142后边行驶，但两车之间的前后距离并不是恒定不变的。在通过信号交叉口的过程中两车之间的前后距离的变化趋势是在逐渐变小。在启动初期，两车之间的距离稍大，随通过信号交叉口过程的进行到将要通过交叉口时两车之间的前后距离变小，表现在图4－7中即为同一时刻两车之间的y坐标差变小。

4.1.3.4　超车行为

通过视频观察与轨迹分析发现，通过信号交叉口的自行车中，一些自行车的车速较其周围自行车的车速高，它们会超过周围的自行车而在其前面行驶，这种后车超越前车的行为称为“超车行为”，如图4－8所示。

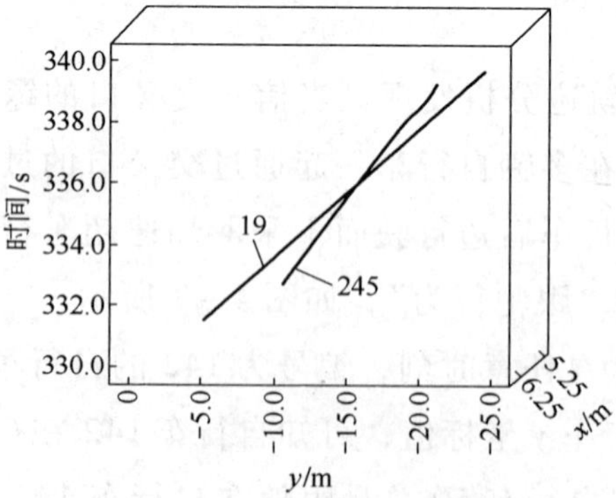

图4－8　超车行为三维轨迹合成图

如图 4－8 所示，大约在 334s 以前，自行车 245 的 y 坐标比自行车 19 的 y 坐标小，而大约在 337.5s 之后自行车 245 的 y 坐标比自行车 19 的 y 坐标大。结合图 3－1 所示坐标系的含义可得，在 334s 之前自行车 245 在自行车 19 的前面，在 337.5s 之后自行车 245 在自行车 19 的后面，即自行车 19 在 334～337.5s 的时间段内超越了自行车 245，出现了超车行为。

4.2 自行车群特性

自行车交通流相较于机动车交通流具有速度慢、稳定性差、集群性以及机动性和灵活性等特点，在对自行车进行管理与控制的过程当中，需要充分考虑自行车交通流的这些特点，其中又以自行车交通流的集群性最为突出。虽然自行车的集群性也属于宏观交通流特性，但在以往的研究中，只是停留在定性角度，定量标定和研究很少，所以本节针对自行车群的定义及其特性进行详细的定量研究。

4.2.1 自行车群定义

判断一定数量的人或物是否属于群，可以从这些人或物之间是否相互影响、相互作用，是否具有该类群的共同特性来判断，将此群的定义类比到自行车群可以认为：自行车群是一定数量的自行车共同行驶在有限的交通空间资源下（指路段、交叉口），表现出来的共同特征就是行驶空间有限，运行速度在空间的约束下趋于一致。从东南大学徐吉谦提出的交叉口服务水平标准中可以看出，当自行车处于自由行驶状态时，其动态空间为 6～8m^2，因此若自行车的行驶空间小于该值，且速度比较一致，则可以认为这些自行车是一个群。按照这个定义，要想确定一个自行车群，需要知道每辆自行车在道路上行驶时的动态空间，这个在实际的数据采集过程中比较复杂。假定知道整个自行车团体在行驶中总的动态行驶空间，然后除以团体中的自行车数量，得到的平均每个自行车的动态行驶空间若小于 6～8m^2，则前后自行车之间行驶状态相似，相互影响大，就可以认为这个自行车团体为一个自行车群。

4.2.2 自行车群通行阶段特性

4.2.2.1 自行车群界定

根据 4.2.1 节对自行车群的定义，对北京市蒋宅口交叉口、天津市大沽南路与奉化路交叉口两个信号控制交叉口进行了大量自行车通过交叉口时自行车群的判定。调查方法采用近景摄影测量法，调查时间分别为 2010 年 7 月 14 日 08：00～09：00 和 2010 年 7 月 13 日 08：00～09：00，两地天气晴朗。图 4－9 所示为天津市大沽南路与奉化路交叉口自行车群在停车线时的状态，图 4－10 所示为北京市蒋宅口交叉口绿灯放行 3s 时自行车群的状态。研究选取的一款视频分析软件，原理基于车辆跟踪法。通过视频分析软件，可以得到每一辆自行车在行驶中的速度、横向位移和纵向位移，进而可以得到每个时刻大量自行车通过交叉口时的整个动态行驶空间。假定大量自行车在行驶过程中每一时刻的形状用长方形来表示，则大量自行车的动态空间就可以用长方形的面积来表示。表 4－1 为天津市大沽南路与奉化路交叉口大量自行车通过交叉口时每一秒的总的动态空间和平均每辆自行车的动态空间，表4－2 为北京市蒋宅口交叉口大量自行车通过交叉口时的总动态空间和平均每辆自行车的动态空间。

图 4－9　天津市大沽南路与奉化路交叉口自行车群在停车线时的状态

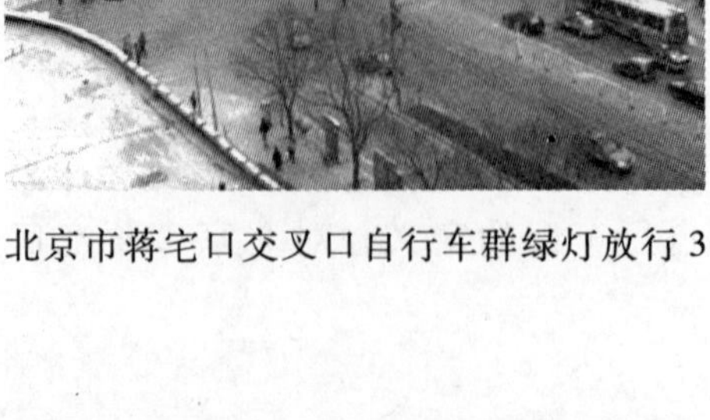

图 4－10　北京市蒋宅口交叉口自行车群绿灯放行 3s 时的状态

表 4－1　天津市大沽南路与奉化路交叉口自行车总的动态空间和单个的动态空间

时间/s	大量自行车总的动态空间/m^2	平均单个自行车的动态空间/m^2
1	39.63927	3.963927
2	41.5899	4.15899
3	43.27078	4.327078
4	44.85589	4.485589
5	47.46482	4.746482
6	49.94117	4.994117
7	51.72512	5.172512
8	58.17123	5.817123
9	59.65691	5.965691
10	59.82464	5.982464
11	59.82851	5.982851
12	55.85214	5.585214
13	54.94196	5.494196
14	53.76485	5.376485
15	51.31011	5.131011
16	50.33696	5.033696
17	50.10784	5.010784
18	50.69726	5.069726
19	52.8329	5.28329

表 4－2　北京市蒋宅口交叉口自行车总的动态空间和单个的动态空间

时间/s	大量自行车总的动态空间/m^2	平均单个自行车的动态空间/m^2
1	53.10370065	4.08490005
2	55.82661847	4.294355267
3	58.72517353	4.517321041
4	60.51389998	4.654915383
5	63.03840874	4.849108365
6	65.0967316	5.007440893
7	66.01468517	5.078052705
8	68.32700374	5.255923364
9	73.68360586	5.667969682
10	73.98224316	5.690941781

续表 4-2

时间/s	大量自行车总的动态空间/m^2	平均单个自行车的动态空间/m^2
11	78.09134416	6.007026474
12	74.65989796	5.743069074
13	75.98205021	5.844773093
14	74.62689884	5.74053068
15	74.61071049	5.739285422
16	74.78146539	5.752420415
17	76.6641301	5.897240777
18	82.46945328	6.343804098
19	81.71086081	6.285450832

从表 4-1 和表 4-2 可以看出，天津市大沽南路与奉化路交叉口和北京市蒋宅口交叉口两个交叉口的大量自行车通过交叉口时的平均每个自行车的动态空间基本上小于 $6 \sim 8m^2$，可以看做是自行车群；在绿灯通行的后期，由于在群前面的一部分自行车已经通过交叉口，后面的自行车还行驶在交叉口，前后自行车之间的自由度稍大，使群的特性稍微减弱，动态空间相对大一点。

4.2.2.2 群速度分析

自行车在交叉口排队时，形成密度很大的集团，当绿灯启亮后，排队自行车依次启动加速，以群体的形式开始驶出停车线，进入交叉口。假定自行车以群体通过交叉口时，在第 i 秒钟自行车群里有 j 辆自行车，每一辆自行车的瞬时速度分别为 v_1、v_2、…、v_k、…、v_j，则每一时刻自行车群的平均速度为：

$$v = \frac{1}{j}\sum_{k=1}^{j} v_k$$

利用分析软件分析自行车每秒钟的速度，再利用公式得到北京市蒋宅口交叉口、天津市大沽南路与奉化路交叉口的自行车群通过交叉口时速度的变化，如图 4-11 所示。

从图 4-11 可以看出，自行车群的速度是一个变化的过程。从自行车群驶出停车线后，开始逐渐加速，由于刚启动，自行车间间距比较小，周围的

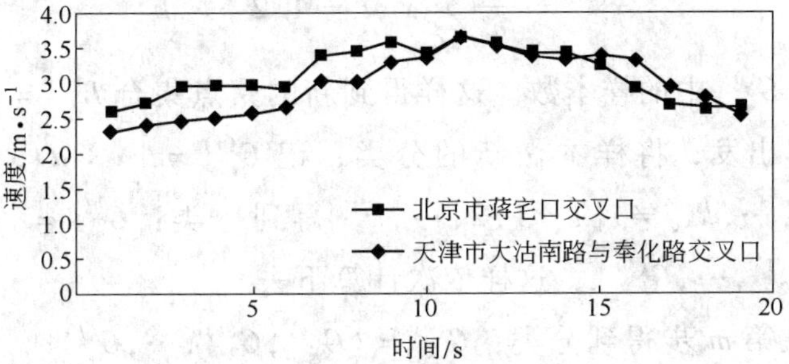

图4－11 自行车群速度变化趋势图

自行车对骑行自行车造成比较大的干扰，所以速度增加不是很多；随着绿灯时间的延续，部分前面的自行车已经到达前面，后面的自行车也开始超车，自行车之间的间距逐渐增大，自行车群的速度增加比较多；到绿灯后期，前面的自行车已经通过交叉口，还有部分自行车仍在后面，而且受出口车道变窄的影响，自行车速度开始变小，致使自行车群的平均速度开始降低。

4.2.2.3 群通行阶段划分

自行车在信号控制交叉口的运行特性表明其通过交叉口的阶段为：红灯期间自行车在停车线外聚集并形成排队；绿灯启动后，聚集的自行车群起步加速通过停车线，排队的自行车群像流体一样从停车线外压缩至交叉口内。

A 划分方法

常用的聚类分析方法有系统聚类法和 k 均值聚类法。本研究采用 k 均值聚类法对自行车群的通行阶段进行聚类分析。

k 均值聚类法是目前经常使用的聚类方法，具有计算速度快、运算结果简洁的特点。k 均值聚类法中采用的是欧氏距离，即

$$d(x_i,x)=\|x_i-x_j\|=[(x_i-x_j)^{\mathrm{T}}(x_i-x_j)]^{1/2}$$

（1）设 k 个初始聚点的集合 $L^{(0)}=\{x_1^{(0)},x_2^{(0)},\cdots,x_k^{(0)}\}$，用下列原则实现初始分类：$G_i^{(0)}=\{x:d(x,x_i^{(0)})\leqslant d(x,x_j^{(0)}),j=1,2,\cdots,k,j\neq i\},i=1,2,\cdots,k$，这样将样品分成不相交的 k 类，初始分类的原则就是每个样本以最靠近的初始聚点归类，这样得到一个初始分类：

$$G^{(0)}=\{G_1^{(0)},G_2^{(0)},\cdots,G_k^{(0)}\}$$

（2）从 $G^{(0)}$ 出发，计算新的聚点集合 $L^{(0)}$。以 $G_i^{(0)}$ 重新作为新的起点：

$$x_i^{(1)} = \frac{1}{n}\sum_{x_i \in G_i^{(1)}} x_i, i = 1,2,\cdots,k$$

式中，n 是类 $G_i^{(0)}$ 中的样本数。这样得到新的聚点集合 $L^{(1)} = \{x_1^{(1)}, x_2^{(1)}, \cdots, x_k^{(1)}\}$，从 $L^{(1)}$ 出发，将样本做新的分类，记 $G_i^{(1)} = \{x : d(x, x_i^{(1)}) \leqslant d(x, x_j^{(1)}), j=1,2,\cdots,k, j \neq i\}$ $i = 1,2,\cdots,k$，得到分类：$G^{(k)} = \{G_1^{(k)}, G_2^{(k)}, \cdots, G_k^{(k)}\}\{G_1^{(1)}, G_2^{(1)}, \cdots, G_k^{(1)}\}$，这样依次计算下去。

（3）设在第 m 步得到分类：$G^{(k)} = \{G_1^{(k)}, G_2^{(k)}, \cdots, G_k^{(k)}\}$，在以上递推计算过程中，$x_i^{(m)}$ 是类 $G_i^{(m-1)}$ 的重心，$x_i^{(m)}$ 不一定是样本，一般也不是 $G_i^{(m)}$ 的重心。当 m 逐渐增大时，分类趋于稳定。此时，$x_i^{(m)}$ 就会近似为 $G_i^{(m)}$ 的重心，从而 $x_i^{(m+1)} \approx x_i^{(m)}$，$G_i^{(m+1)} \approx G_i^{(m)}$，算法结束。

B　划分依据

（1）自行车群的平均速度（v）。自行车群的平均速度可以描述为自行车群通过交叉口时，每一时刻自行车群的每辆自行车的平均速度，假设在第 i 秒钟自行车群里有 j 辆自行车，每一辆自行车的速度为 v_1、v_2、…、v_k、…、v_j，则自行车群的平均速度为：

$$v = \frac{1}{j}\sum_{k=1}^{j} v_k \tag{4-1}$$

（2）自行车群的长度（L）。假定自行车群通过交叉口时形状近似为一个长方形，长方形的长度代表自行车群的长度。为了便于统计与分析，在进行视频处理时，假设自行车群最前面的一辆自行车的坐标为（x_i，y_i），自行车群最后面的一辆自行车的坐标为（x_j，y_j），则自行车群的长度为：

$$L = |y_i - y_j| \tag{4-2}$$

（3）自行车群的宽度（D）。假定自行车群通过交叉口时形状近似为一个长方形，长方形的宽度代表自行车群的宽度。为了便于统计与分析，在进行视频处理时，假设自行车群最左面的一辆自行车的坐标为（x_m，y_m），自行车群最右面的一辆自行车的坐标为（x_n，y_n），则自行车群的宽度为：

$$D = |x_m - x_n| \tag{4-3}$$

C　实例分析

根据本研究提出的划分依据，运用 k 均值聚类分析的方法对自行车群通行阶段进行划分，选取上述的天津市大沽南路与奉化路交叉口自行车群在绿灯放行时间内的指标变化来进行阶段划分。根据前面介绍的阶段划分的 3 个指标，得到天津市大沽南路与奉化路交叉口的具体指标值，见表4－3。

表4－3 样本指标统计表

时间/s	群的平均速度/m·s^{-1}	群的长度/m	群的宽度/m
1	2.3	9.909818	4
2	2.4	10.14388	4.1
3	2.45489854	10.41143	4.156082
4	2.49755787	10.68801	4.196843
⋮	⋮	⋮	⋮
17	2.624723245	15.08902	3.320845
18	2.691245853	15.43499	3.284567
19	2.5511624	16.03406	3.295043

根据k均值聚类分析方法，对天津市大沽南路与奉化路交叉口自行车群在绿灯放行19s时通过交叉口的通行阶段进行划分，分为3个阶段，经过3次的迭代计算，最终得到聚类分析结果。表4－4为初始的聚类分析中心点，表4－5为经过3次迭代之后的聚类中心点，表4－6为方差分析表。从表4－6中可以看出，3个指标的显著性水平均小于0.01，说明利用自行车群的平均速度、自行车群的长度、自行车群的宽度进行自行车群通行阶段划分具有显著性，可以认为此聚类划分效果良好。表4－7为聚类分析的分类结果。

表4－4 初始的聚类中心点

指 标	聚 类		
	1	2	3
自行车群的平均速度/m·s^{-1}	2.30	3.65	3.55
自行车群的长度/m	9.91	12.08	16.03
自行车群的宽度/m	4.00	4.95	3.30

表4－5 最终的聚类中心点

指 标	聚 类		
	1	2	3
自行车群的平均速度/m·s^{-1}	2.48	3.32	3.52
自行车群的长度/m	10.66	12.43	15.07
自行车群的宽度/m	4.17	4.61	3.42

表 4－6 方差分析表

指标	聚类		误差		相伴概率	显著性水平
	平均组间平方和	自由度	平均组内平方和	自由度		
自行车群的平均速度	1.864	2	0.031	16	60.214	0.000
自行车群的长度	29.622	2	0.415	16	71.359	0.000
自行车群的宽度	2.294	2	0.066	16	34.852	0.000

表 4－7 天津市大沽南路与奉化路交叉口聚类分析结果

时间/s	聚类	离中心点距离/m
1	1	0.787
2	1	0.525
3	1	0.248
4	1	0.048
⋮	⋮	⋮
9	2	0.347
10	2	0.353
11	2	0.593
12	2	0.758
⋮	⋮	⋮
16	3	0.125
17	3	0.147
18	3	0.425
19	3	0.971

对于不同的交叉口，为了验证此方法的可行性，另以北京市蒋宅口交叉口的数据为例，经过 4 次迭代计算之后的聚类分析结果见表 4－8。

表 4－8 北京市蒋宅口交叉口聚类分析结果

时间/s	聚类	离中心点距离/m
1	1	0.889
2	1	0.899
3	1	0.205
4	1	0.108
⋮	⋮	⋮

续表 4－8

时间/s	聚　类	离中心点距离/m
9	3	0.983
10	3	0.934
11	3	0.698
12	3	0.300
⋮	⋮	⋮
16	2	0.906
17	2	0.256
18	2	1.334
19	2	1.489

同时为了直观地描述自行车群的通行阶段特性，分别进行了轨迹描述，图 4－12 所示为天津市大沽南路与奉化路交叉口自行车群的行驶轨迹图，图 4－13 所示为北京市蒋宅口交叉口自行车群的行驶轨迹图。

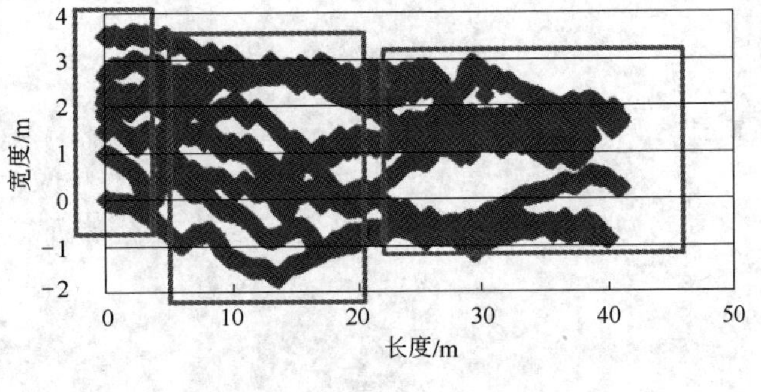

图 4－12　天津市大沽南路与奉化路交叉口自行车群的行驶轨迹图

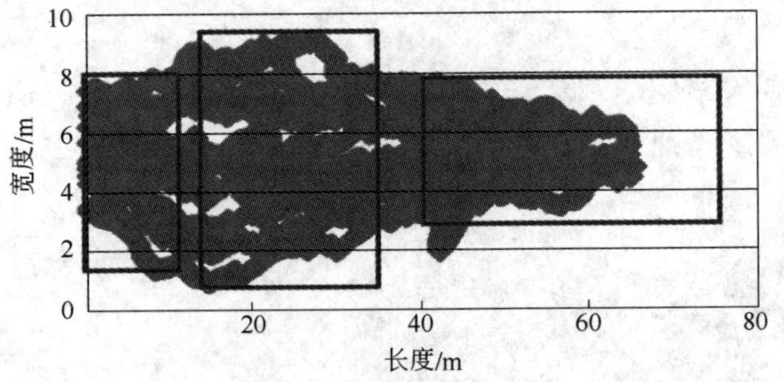

图 4－13　北京市蒋宅口交叉口自行车群的行驶轨迹图

通过用聚类分析法和行驶轨迹图对自行车群通行阶段进行划分，可以明显地将自行车群的通行阶段划分为 3 个阶段：第一阶段为自行车群的逐渐扩散阶段，绿灯放行开始，自行车群像流体一样逐渐扩散到交叉口，此阶段自行车群的长度、宽度变化相对不大；第二阶段为膨胀阶段，自行车群扩散到交叉口之后，由于自行车道空间有限，大量自行车会迅速占据机动车道和人行横道以便于快速通过交叉口，也就产生了短时间的膨胀现象，此阶段自行车群的宽度增加比较多，自行车群的长度逐渐增长；第三阶段逐渐收缩阶段，由于经过膨胀阶段之后，位于群前端的自行车进入交叉口出口处，行驶自由度变大，基本接近于路段，逐渐向道路中间行驶，此阶段自行车群的长度逐渐变长，宽度基本保持不变。

第5章 信号交叉口行人交通流特性分析

行人交通作为一种健康、可持续性交通方式备受人们的重视，是城市交通系统的重要组成部分。随着城市居民出行需求和出行活动的日益增加，行人交通已经越来越受到城市交通研究者、管理者的重视。然而，行人交通多样性、慢速性、随机性、自组织性的特征使得研究行人交通的难度并不亚于研究机动车交通的难度。合理的行人信号控制可以改善行人交通乃至整个交叉口的运行状态与交通秩序，是交叉口管理的有效手段。因此，有必要针对城市信号交叉口行人信号控制算法进行探讨和研究，尤其是在行人需求较大的城市中心区，从而为制定合理的交通控制策略和有效组织混合交通提供理论依据，对交叉口整体的运行也具有一定的理论和实践意义。

5.1 行人数据采集技术分析

交通调查和数据采集是进行分析研究的基础，因此调查对象和数据调查方法的选取至关重要。只有建立在科学的数据调查方法之上，才能发现交通现象的特征性趋势。因此本章介绍了行人数据采集的方法及其可行性分析等。为保证所得数据的准确性和有效性，同时可以重复观看录像，观察交通现象，本书选取近景交通摄影的方法对行人数据进行采集，并应用视频分析软件进行数据提取。

5.2 行人数据采集实施方案

5.2.1 数据采集的地点选定

为描述行人在中、高密度交叉口的微观和中观行为特性，本书调查市中心区的典型信号控制交叉口，收集人行横道处行人流的录像资料，以便用视频分析软件分析视频资料，从而保证所得数据的准确性和有效性，并且可以重复观看录像，观察交通现象。

根据行人交通调查的需要，选择所调查的交叉口应当满足以下条件：

（1）选择城市中心区范围内的信号控制交叉口。城市中心区土地开发强度高，交通吸引点众多，因此选取城市中心区的信号交叉口作为调查对象，从而为城市混合交通的优化设计提供理论依据，缓解日益拥堵的城市交通问题。

（2）选择双向行人流量均较大的信号控制交叉口。选择双向行人流量较大的信号控制交叉口，其双向行人群干扰较为明显，便于分析在特定信号配时策略下的行人单体的轨迹运行变化规律以及行人群的群体运行变化规律。

（3）选择便于录制视频资料的交叉口。为分析行人流的过街机理，需要完整的行人过街过程视频资料，因此，需要选取高层建筑物，在适当位置录制交叉口范围内交通流运行视频资料。

（4）选择过街过程中行人所受干扰小的交叉口。

本章主要针对双向行人流间的干扰展开研究，因此选取左、右转车辆干扰小，过街自行车流量小的信号交叉口。

本章需要完整交叉口范围内的人行横道行人过街过程的视频资料，因此，摄像机架设位置为路口高层建筑的楼顶，距离地面高度大约为20m。在此位置架设，可以尽可能地俯视交叉口，减小拍摄位置距交叉口的距离，从而清晰地观察信号交叉口范围。本章研究对象为双向行人流，因此选取交通晚高峰前后时段16：00～19：00进行录制，混合交通现象较典型。选取天气状况晴朗无风的日子，保证天气因素不会对驾驶员、自行车和行人的交通心理和交通行为产生显著影响。

5.2.2 数据采集的实施过程

综合5.2.1节所述条件，选取北京市中央商务区（CBD）区域中的八王坟路口和深圳市商业区南新路路口为调查对象，具体调查情况如表5－1所示。现以北京市八王坟路口为例，以下详细介绍八王坟路口几何现状、周边环境与交通晚高峰流量等。

表 5－1　交叉口调查情况汇总

名　称	八王坟交叉口	南新路交叉口
调查日期	2010 年 7 月 10 日	2010 年 12 月 18 日
调查时间	早 8：00～9：00 晚 16：30～18：00	早 8：00～9：00 晚 16：30～18：30
天气情况	晴朗	晴朗
设　备	1 台摄录一体机，1 个三脚架，磁带若干	1 台摄录一体机，1 个三脚架，磁带若干
人　员	3 人	3 人

5.2.2.1　八王坟路口周边环境

八王坟路口位于北京市朝阳区西大望路地铁站出口，周边环境为：西南角为 SOHO 现代城，其总建筑面积为 48 万平方米，它拥有 48 家店铺、283 套办公室、1897 套公寓；东南角为在建商业楼；东北角为华贸中心，正逐步成为国际金融、企业总部云集的聚集地，因此无论是现在还是未来都将是重要的交通吸引点；西北角为小区和商业街。八王坟路口的机动车、自行车和行人流量均相对较大，除东南角外，其他三个方向均设置地铁进出口，因此吸引着众多人群，在人行横道上双向行人群过街相互干扰的现象时常发生。以交通晚高峰时段为例，统计得出的部分周期流量如表 5－2 所示，是北京中央商务区内典型的混合交通流信号控制交叉口。因此，选取此路口作为调查交叉口。

表 5－2　八王坟路口交通晚高峰行人流量表　（人）

周期序号	自东向西行人数		自西向东行人数		总过街人数
	初始行人数	过街人数	初始行人数	过街人数	
1	110	145	45	62	207
2	41	84	46	66	150
3	34	83	19	31	114
4	120	143	95	110	253
5	49	71	12	32	103
6	36	103	29	60	163
7	42	60	34	45	105
8	38	63	32	42	105
9	42	52	40	45	97
10	27	44	34	38	82
合　计					1379

5.2.2.2　八王坟路口现状条件

八王坟路口为四相位混合交通流信号控制交叉口，其中南北进口车道为 6 条机动车道（2 条左转、3 条直行和 1 条右转车道），出口车道为 4 条机动车道，采用机非绿化分隔带分隔机非车辆。行人在同向直行机动车相位下过街。

5.3 行人数据提取与处理流程

5.3.1 交叉口坐标系的建立

首先将所得视频导入分析软件中，根据视频分析软件的要求建立交叉口坐标。在交叉口实地录制交叉口视频时，需要在视频范围内确定四个点，作为分析软件的坐标系。在实际路口确定后，需要在分析软件中进行标定。在确定坐标系过程中，选取视频范围内的四个标志性坐标点，同时尽量扩大坐标范围，从而减少误差。在八王坟路口分别选取左转弯待行区范围内的一点、机动车车道的一点、道路上的市政井以及导流线上一点作为坐标的四个坐标点，坐标分别为 $a(0, 0)$、$b(0, 22.4)$、$c(21.3, 22.4)$ 和 $d(21.3, 0)$，建立坐标系，如图 5－1 所示。在南新路路口的人行横道

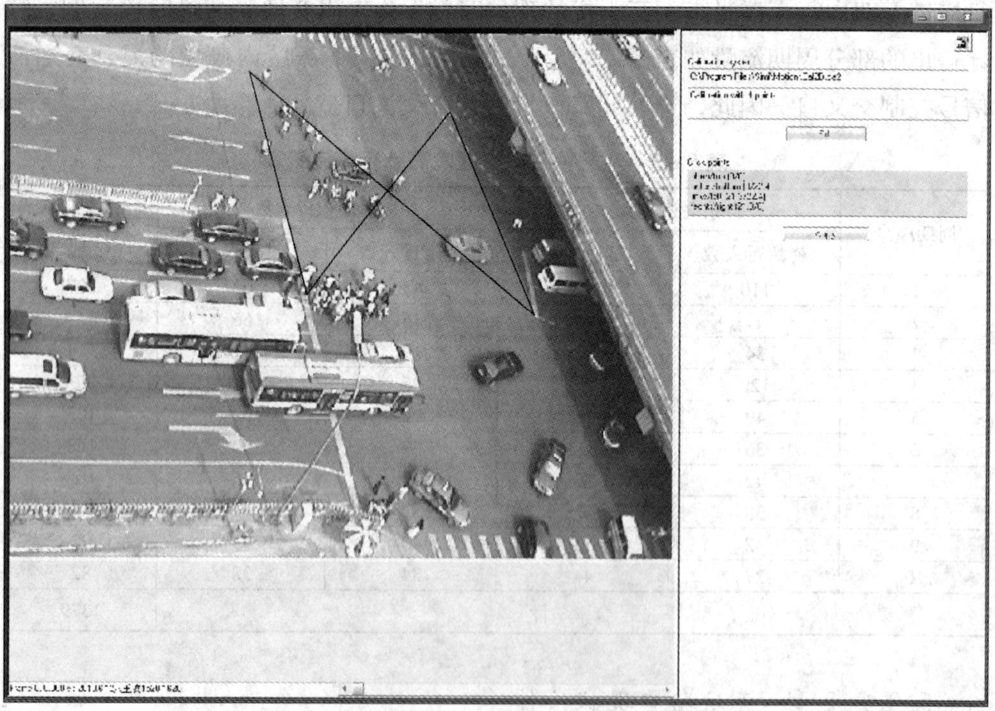

图 5－1　八王坟路口坐标系示意图

上选取坐标零点 $a(0,\ 0)$，通过测量各人行横道长度，确定其他三点坐标分别为 $b(0,\ 25.8)$、$c(21.1,\ 25.8)$ 和 $d(21.1,\ 0)$，建立坐标系，如图 5－2 所示。

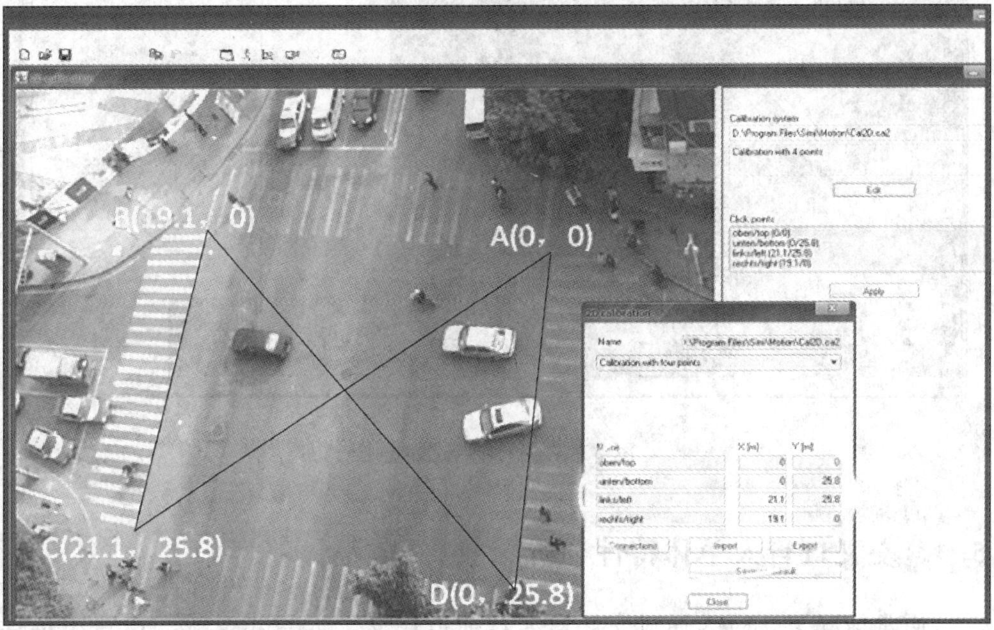

图 5－2 南新路路口坐标系示意图

5.3.2 交叉口行人轨迹追踪

录制视频后，需将采集得到的录像资料分割为多个 AVI 格式的短视频，便于对每个短视频分周期用视频分析软件分析。在建立交叉口的坐标后，选取进入交叉口范围人行横道的双向行人为分析对象。根据使用的视频分析软件提供的分析时间间隔对研究对象进行连续跟踪，点选界面如图 5－3 所示。直至绿灯结束，完成对研究对象的轨迹追踪，选取的时间间隔可以保证数据的连续性与精确性。然后，将得到的行人流的时间、总位移、横纵向位移、总速度、横纵向速度、总加速度和横纵向加速度等数据输出后导入到数据处理软件中，可以处理得出行人单体、行人群的相关图表，并提取需要的数据应用 SPSS 进行相关性分析和聚类分析等。

图 5－3　行人点选示意图

5.4　交叉口行人单体特性分析

通常情况下，行人通过交叉口人行横道仅受个人意志支配，可自主选择步行路线和步行位置。同时，受对向行人群的影响，行人单体的通行行为会发生明显的变化，由此表现出与机动车不同的微观特性。

5.4.1　行人群内行人单体的差异性

单向行人群内行人单体的运行过程通常趋于一致，然而行人群内不同位置的行人单体所表现出的运行特性存在明显差异，表现为时空轨迹、速度变化的不同。通过视频观测与分析，位于行人群内部的行人表现出需要躲避对向行人群的障碍的特性，而在对向行人群内发生穿行，其步行速度受到明显的削减，而位于行人群外围的行人可以在外围自由行走。以一个周期内同向行人群内的两个单体为例，两者的相对位置如图 5－4 所示，运行轨迹图如图 5－5 所示。

5.4.2　行人单体与对向行人群的排斥特性

行人在过街过程中遵守分离、调整和聚合的原则，同时，在行人群运动

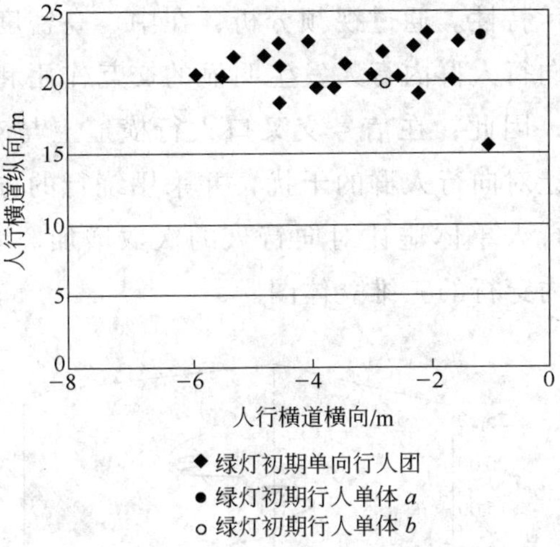

图 5－4 行人单体相对位置图

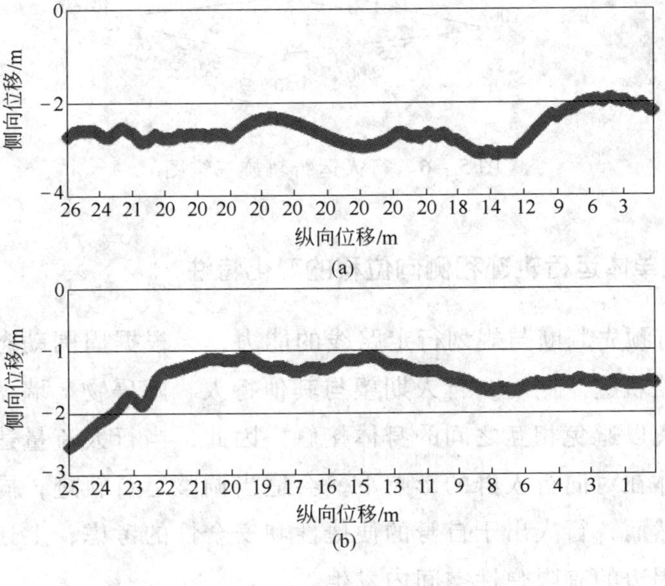

图 5－5 行人单体运行轨迹图

（a）群内部行人 a 运行轨迹图；（b）群外围行人 b 运行轨迹图

时，人行横道的某些区域可能由于行人密度增加而变得非常拥挤，行人在运动时会主观地提高自主性而避让对向行人群。

行人单体为了个人的舒适和方便，通常会和其他行人保持一定的距离。由于行人单体与对向行人群可利用道路空间的重叠性，行人单体与对向行人群表现出相互的排斥特性。通过视频分析，在中、高密度情况下，过街过程中，行人单体与对向行人群内行人发生明显的交互作用和排斥作用，行人具有提前避让的能力，因此，在信号交叉口人行横道上与对向行人群相遇时，行人单体会自觉避让对向行人群的干扰，并采用绕行的方式完成过街。随着行人流量的递增，行人单体避让对向行人的次数增加。图 5－6 所示为行人单体在对向行人群内穿行的三维立体图。

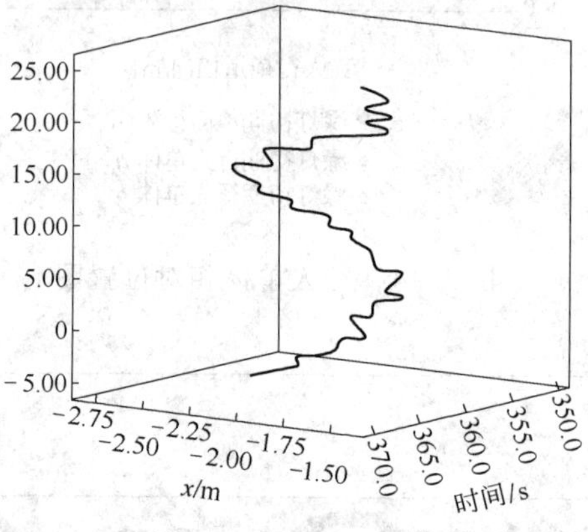

图 5－6　行人运行轨迹三维图

5.4.3　行人单体运行轨迹和侧向位移的变化特性

行人具有预先判断与规划行走路线的能力，会根据周围动态交通情况必要时改变线路轨迹。同时，行人期望与其他行人、障碍物、墙壁、边界等保持一定的距离以避免相互之间的身体接触。因此，当行人流量达到一定程度时，行人单体在对向行人群的影响下，会适当调整运行轨迹，同时侧向位移发生变化。然而，行人出于自身的便捷性和安全性的考虑，上述行为仅在人行横道及其周边的有限弹性空间内发生。

由于低密度情形下，行人单体不受对向行人流影响，因此与中、高密度情况存在明显差异，如图 5－7 所示。在低密度情形下，行人的运行轨迹趋于直线，如图 5－7（a）所示，行人单体仅在过街末期，出于目的地的考虑而改变路线；在中、高密度情形下，行人单体为躲避对向行人群的干扰而改变行走轨迹，其侧向位移明显高于低密度行人的侧向位移，如图 5－7（b）所示。据北京和深圳的多个交叉口统计结果，在这两个城市低密度情况下的

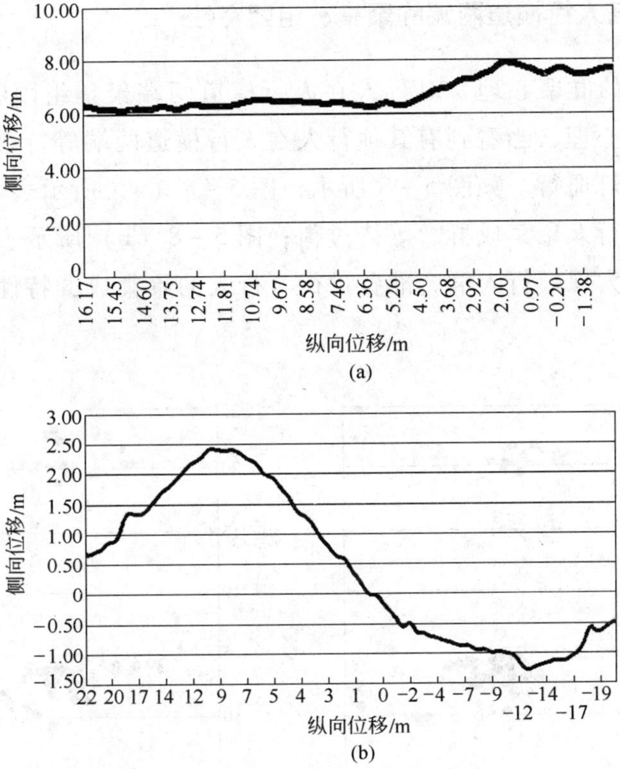

图 5－7 不同密度下行人运行轨迹图

（a）低密度下行人轨迹图（南新路路口）；（b）中密度下行人轨迹图（八王坟路口）

侧向位移为 0.92m，而中密度情况下的侧向位移为 4.25m，其不同密度流量下行人运行轨迹存在明显的差异性。

本节定性分析了中低密度情况下，行人单体的微观特性。通过特性研究与归纳，发现行人单体在过街过程中受个人影响较大，行人单体会自觉避让对向行人群的干扰，并采用绕行等方式完成过街。在各个事件过程中，行人个体所表现出的特性也不尽相同。因此以本节研究为基础，对行人过街的单体特行进行分析及总结。

5.5 交叉口行人群体特性分析

行人以群的单位在过街过程中呈现出一种复杂多变的排队等候和过街现象，以下进行展开分析与介绍。

5.5.1 行人在人行横道两端的聚集、组团特性

根据行人的群聚心理，对行人在人行横道两端聚集组团特性进行分析。行人具有群聚心理，当看到有其他行人在人行横道两端等待过街时，就会自发成列等待绿灯通行。如图5－8所示，图5－8（a）所示表示在红灯末期，人行横道两端行人聚集成群，等待过街；图5－8（b）所示表示陆续到达的行人到达组成大规模行人群，准备过街。行人的聚集成群特性是以下行人特性的基础。

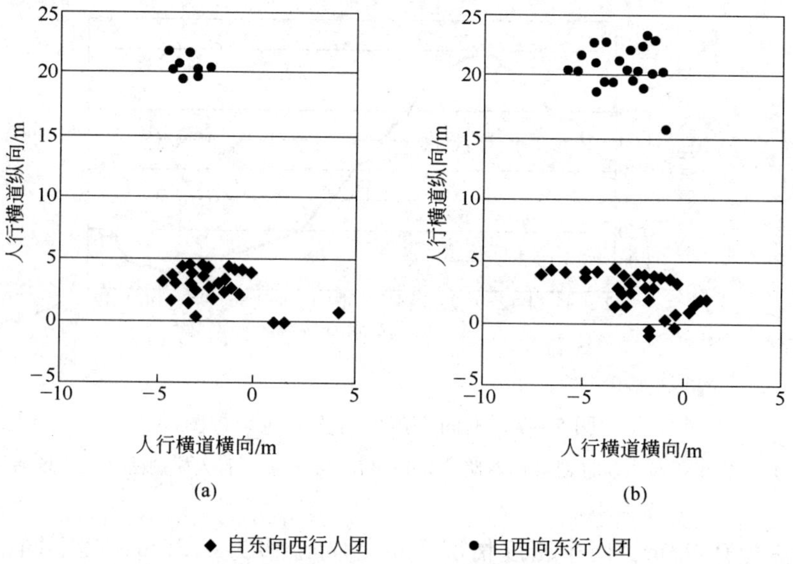

图5－8　行人组群特性图示

（a）行人等待过街散点图；（b）行人过街初期散点图

5.5.2 行人群初始释放的排队消散特性

在绿灯初期，在路侧聚集的大量行人群开始释放，单向行人群在此过程中发生明显的排队消散特性，即相互聚集的密集状行人群逐步扩散为体积增大的疏散状行人群，其形状发生明显的延伸、扩展变化。发生此变化主要是由于行人自身舒适性的考虑，行人群内行人单体在行走过程中与其他行人保持一定的间距。

5.5.3 双向行人群相遇后的叠加膨胀特性

在双向行人群相互穿越过程中，双向行人群相互叠加，形成一个混合的行人群。此行人群从组成开始至相互脱离过程中，由于相互叠加，体积逐步膨胀，行人群长度及宽度均明显增大，直至双向行人群完成穿越，如图 5－9 所示。

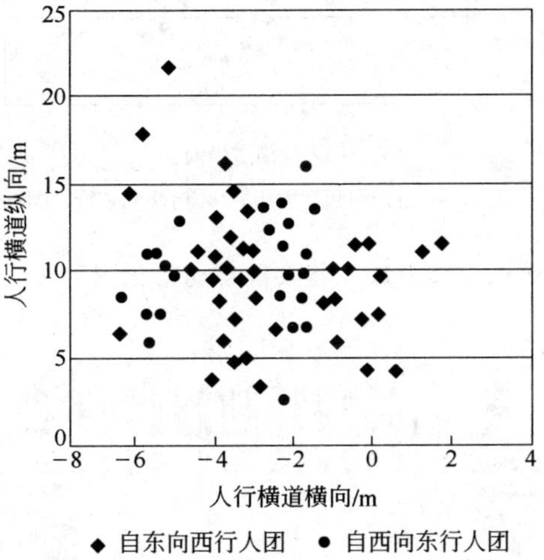

图 5－9 双向行人群叠加膨胀图示

5.5.4 双向行人群的自动渠化特性

当双向群发生相互穿行时，双向行人群相互叠加形成一个混合的行人群。在叠加的过程中，行人群通常以一定的规则自发渠化成队完成穿越过程，以减少双向流的冲突与干扰。如图 5－10 所示，自东向西行走的行人群与自西向东行走的行人群均保持两个队列通过，体现了自动渠化特性。针对此特性，同时出于减小冲突的考虑，可将人行横道进行双向彩色铺装，双向流各行其道，如图 5－11 所示。

5.5.5 双向行人群的彼此对抗特性

当双向行人群相互穿越时，双向行人群内的行人相互穿行，行人群之间会出现彼此对抗的特性。在此过程中，一个方向的行人群会对另一方向行人

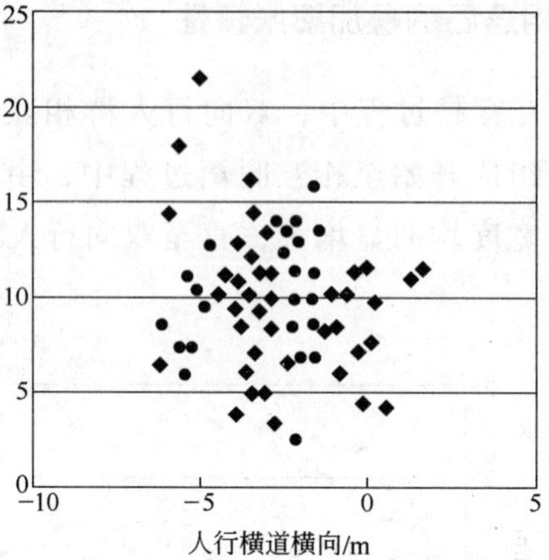

图 5－10　行人群自动渠化图示

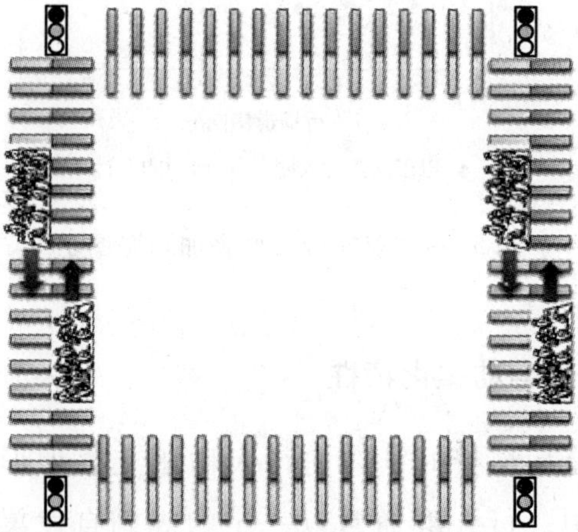

图 5－11　人行横道彩色铺装图示

群产生一定的阻力，从而造成对向行人群速度的减慢，其衰减速度决定于双向行人群之间的流量比、对向行人群人数等因素。

5.5.6　双向行人群穿越后的扩散特性

行人群在穿越前，不受对向行人群干扰地通过人行横道，仅表现出排队消散特性，其时距变化不大。而在行人群完成穿越后，双向行人群会发生明显的扩散特性，行人群内部的时距明显增加。以南新路路口一个周期的视频分析为例，扩散后的行人群占用人行横道长度由相遇前的10m增加到17m。发生此变化主要是由对向行人群的穿行而造成的。

本节定性分析了中高密度情况下，行人群的中观特性。通过特性研究与归纳，发现行人群在过街过程中呈明显的多事件特性，由初始的独自通过，到相互相遇穿越，直至分离后的再次独自通过。在各个事件过程中，行人所表现出的特性也不尽相同，群体形状、群长度、群宽度、速度等也不尽相同。因此以本节研究为基础，对行人过街进行多事件划分。

5.6 交叉口行人群体多事件划分

本节选取行人群平均速度、行人群长度以及行人群宽度三个指标，应用聚类分析的方法描述行人群的多事件过街行为，并画出行人群通过交叉口时的轨迹图。

5.6.1 事件划分方法

聚类分析即是研究分类问题的数据分析方法，其基本思想是通过定义样品或变量间“接近程度”的度量，以此为基础，将“相近”的样品或变量归为一类。所谓的类，通俗地讲就是指相似元素的集合。在实际问题中常用此方法解决分类问题。

常用的聚类分析方法有系统聚类法和非系统聚类法，K均值聚类法是非系统聚类法中最常见的聚类法，具有计算速度快、运算结果简洁的特点。因此，本节采用此方法对行人群过街过程中的事件划分进行聚类分析。其采用的是欧氏距离，见下式：

$$d(x_i, x) = \| x_i - x_j \| = [(x_i - x_j)^{\mathrm{T}}(x_i - x_j)]^{1/2} \tag{5-1}$$

（1）设k个初始聚点的集合$L^{(0)} = \{x_1^{(0)}, x_2^{(0)}, \cdots, x_k^{(0)}\}$，用下列原则实现初始分类：$G_i^{(0)} = \{x: d(x, x_i^{(0)}) \leqslant d(x, x_j^{(0)}), j = 1, 2, \cdots, k, j \neq i\}, i = 1, 2, \cdots, k$，这样将样品分成不相交的$K$类，初始分类的原则就是每个样本以最靠近的初始聚点归类，这样得到一个初始分类：

$$G^{(0)} = \{G_1^{(0)}, G_2^{(0)}, \cdots, G_k^{(0)}\} \tag{5-2}$$

（2）从$G^{(0)}$出发，计算新的聚点集合$L^{(0)}$。以$G_i^{(0)}$重新作为新的起点：

$$x_i^{(1)} = \frac{1}{n}\sum_{x_i \in G_i^{(1)}} x_i, i = 1,2,\cdots,k \tag{5-3}$$

式中，n 是类 $G_i^{(0)}$ 中的样本数。这样得到新的聚点集合 $L^{(1)}$、$= \{x_1^{(1)}, x_2^{(1)}, \cdots, x_k^{(1)}\}$，从 $L^{(1)}$ 出发，将样本作新的分类，记 $G_i^{(1)} = \{x : d(x, x_i^{(1)}) \leqslant d(x, x_j^{(1)}), j=1,2,\cdots,k, j \neq i\}$ $i = 1,2,\cdots,k$，得到分类：$G^{(k)} = \{G_1^{(k)}, G_2^{(k)}, \cdots, G_k^{(k)}\}\{G_1^{(1)}, G_2^{(1)}, \cdots, G_k^{(1)}\}$，这样依次计算下去。

（3）设在第 m 步得到分类：$G^{(k)} = \{G_1^{(k)}, G_2^{(k)}, \cdots, G_k^{(k)}\}$，在以上递推计算过程中，$x_i^{(m)}$ 是类 $G_i^{(m-1)}$ 的重心，$x_i^{(m)}$ 不一定是样本，一般也不是 $G_i^{(m)}$ 的重心。当 m 逐渐增大时，分类趋于稳定。此时，$x_i^{(m)}$ 就会近似为 $G_i^{(m)}$ 的重心，从而 $x_i^{(m+1)} \approx x_i^{(m)}, G_i^{(m+1)} \approx G_i^{(m)}$，算法结束。

5.6.2 事件划分依据

聚类分析中的变量可以揭示事物的一些内部属性，因此变量的选取至关重要。行人群在过街过程中表现的多事件行为通过行人群的速度、行人群的宽度及行人群的长度三个参数量化来体现。因此，本书选取上述三个参量作为划分的指标。具体如下：

（1）行人群的平均速度（v）。行人群平均速度可以描述为行人群通过交叉口时，每一时刻行人群的行人单体的平均速度，假设在第 i 秒钟行人群里有 j 个行人，每一个行人的速度为 v_1、v_2、…、v_k、…、v_j，则行人群的平均速度为：

$$v = \frac{1}{j}\sum_{k=1}^{j} v_k \tag{5-4}$$

（2）行人群的长度（L）。假定行人群通过交叉口时形状近似为一个长方形，长方形的长度代表行人群的长度，为了便于统计与分析，在进行视频处理时，假设行人群最前面的一个行人单体的坐标为（x_i，y_i），行人群最后面的一个行人单体的坐标为（x_j，y_j），则行人群的长度为：

$$L = |y_i - y_j| \tag{5-5}$$

（3）行人群的宽度（D）。假定行人群通过交叉口时形状近似为一个长方形，长方形的宽度代表行人群的宽度，为了便于统计与分析，在进行视频处理时，假设行人群最左面的一个行人单体的坐标为（x_m，y_m），行人群最右面的一个行人的坐标为（x_n，y_n），则行人群的宽度为：

$$D = |x_m - x_n| \tag{5-6}$$

5.6.3　事件划分实例

根据本节提出的划分依据，运用 K 均值聚类分析的方法对行人群通行阶段进行划分，选取深圳市南新路交叉口行人群在绿灯放行时间内的数据变化进行多事件划分，此周期行人平均空间占有率为 1.54m²/人，因此分为中高密度情形。行人群每移动 1m 统计一次 3 个参数，得到的具体指标值见表 5－3。

表 5－3　样本指标统计表

距离/m	群的平均速度/m·s⁻¹	群的长度/m	群的宽度/m
1	1.10	5.049	3.255
2	1.09	5.343	3.884
3	1.12	5.498	4.633
4	1.09	5.676	5.649
5	0.97	5.835	6.235
6	0.93	6.475	7.655
7	0.98	6.862	8.372
8	0.85	6.883	8.477
9	0.98	6.916	8.415
10	1.07	7.385	8.333
11	1.01	7.527	8.579
12	1.07	7.627	8.676
13	1.03	7.864	8.769
14	0.98	8.241	8.869
15	1.08	8.417	8.694
16	0.89	8.591	8.542
17	0.92	9.024	8.538
18	0.93	9.674	8.676
19	1.03	9.934	7.406
20	1.12	10.409	7.291
21	1.11	10.575	7.132
22	1.16	10.525	7.282
23	1.24	10.603	7.189
24	1.26	10.681	6.892
25	1.23	10.759	6.463
26	1.25	10.737	4.687

根据 K 均值聚类分析方法，对行人群在绿灯放行时间内通过交叉口的通行事件进行划分，经过 3 次的迭代计算，最终得到聚类分析结果。表 5－4 为初始的聚类分析中心点，表 5－5 为经过 3 次迭代之后的聚类中心点，表 5－6 为方差分析表。从表 5－6 中可以看出，3 个指标的显著性水平均小于 0.01，说明利用行人群的平均速度、行人群的长度、行人群的宽度进行行人群事件划分具有显著性，可以认为此聚类划分效果良好。表 5－7 为聚类分析的结果，表 5－8 为各聚类的案例数统计表。结果表明行人群在步入人行横道前 5m 内为第一阶段，位移为 6～17m 为第二阶段，位移为 18～26m 为第三阶段，即相应的通过事件、相遇事件和通过事件。

表 5－4　初始的聚类中心点

指　标	聚　类		
	1	2	3
行人群的平均速度/$m\cdot s^{-1}$	1.10	0.97	1.25
行人群的长度/m	5.049	5.835	10.737
行人群的宽度/m	3.255	6.235	4.687

表 5－5　最终的聚类中心点

指　标	聚　类		
	1	2	3
行人群的平均速度/$m\cdot s^{-1}$	1.07	0.98	1.15
行人群的长度/m	5.480	7.651	10.433
行人群的宽度/m	4.731	8.493	7.002

表 5－6　方差分析表

指　标	聚　类		误　差		相伴概率	显著性水平
	平均组间平方和	自由度	平均组内平方和	自由度		
行人群的平均速度	0.071	2	0.008	23	9.255	0.001
行人群的长度	42.740	2	0.369	23	115.869	0.000
行人群的宽度	25.412	2	0.691	23	36.751	0.000

表 5-7 聚类分析的结果

案例号	聚 类	距离/m	案例号	聚 类	距离/m
1	1	1.538	14	2	0.699
2	1	0.858	15	2	0.798
3	1	0.110	16	2	0.946
4	1	0.939	17	2	1.375
5	1	1.549	18	3	1.851
6	2	1.445	19	3	0.653
7	2	0.798	20	3	0.291
8	2	0.780	21	3	0.196
9	2	0.739	22	3	0.295
10	2	0.323	23	3	0.269
11	2	0.153	24	3	0.294
12	2	0.204	25	3	0.635
13	2	0.352	26	3	2.337

表 5-8 各聚类的案例数统计表

聚 类	1	5.000
	2	12.000
	3	9.000
有 效		26.000
缺 失		0.000

同时为了直观地描述行人群的通行阶段特性，选取了典型周期对行人群轨迹进行描述，图 5-12 所示为南新路交叉口行人群的行驶轨迹图。为更清晰地表述单向行人群的过街多事件过街行为，选取其中单向的行人群行驶轨迹，并做阶段划分，图形变化与距离分析结果一致，如图 5-13 所示。

通过用聚类分析法和行驶轨迹图对行人群通行阶段进行划分，可以明显地将行人群的通行阶段划分为三次事件：第一次事件为行人群通过事件，行人群在不受对向流干扰的情况下发生自发的逐渐扩散现象，出现类似于机动车的排队消散现象，即以高密度释放，疏散状态通过，此阶段行人群形状发生一定的延伸、扩展变化，发生此变化主要是由于行人自身舒适性的考虑；第二次事件为相遇事件，行人群扩散到交叉口之后，大量行人期望迅速占据

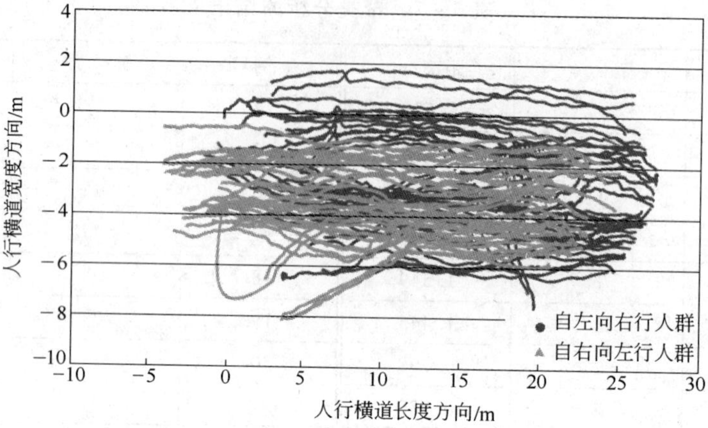

图 5 - 12　双向行人群的行驶轨迹图

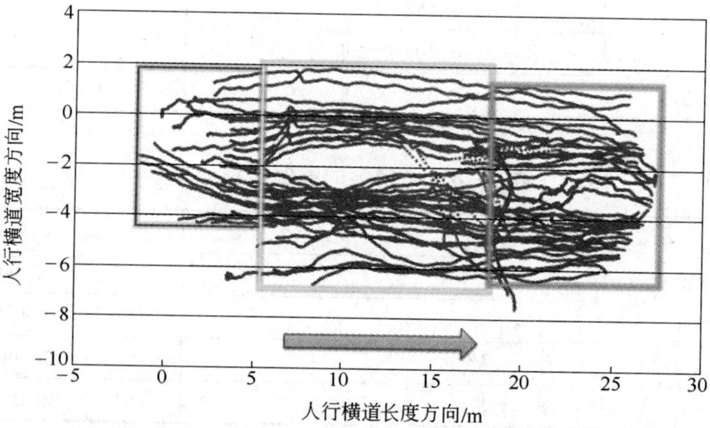

图 5 - 13　单向行人群的行驶轨迹图

人行横道以及人行横道边缘的有限弹性空间以便于快速通过交叉口，然而由于人行横道空间有限，双向行人群相互叠加，形成一个混合的行人群，并在此过程中发生彼此对抗、相互穿越和叠加膨胀等特性，表现出行人群宽度明显增加，行人群内部时距增加，造成行人群长度逐渐增长，同时为避免与对向行人群的碰撞，多数行人改变行驶轨迹；第三次事件为行人群再一次的通过事件，由于经过相遇事件之后，位于群前端的行人进入交叉口出口处，行动自由度变大，基本接近于路段，此阶段行人群的长度逐渐变长，宽度有所收缩。由于受道路条件、人行横道宽度以及行人流量、流量比等因素影响，每个交叉口行人群的通行阶段包括的时间可能是不一样的，在研究某个交叉口行人群通行阶段之前，需要结合具体的数据进行聚类分析计算。

以上分析了单向行人群的过街多事件行为，由行人群的行驶轨迹图可以看出，行人群内的大部分行人具有明显的向心性，即大多数行人在人行横道的一侧聚集并开始过街。尽管在过街过程中受对向行人群的影响，行人群长度和宽度都有所变化，但是在发生相遇事件后，行人群又出现逐渐向一点靠拢的现象，最终汇聚到人行横道的另一侧。

本节描述了行人群过街的多次事件特性，并对多次事件应用聚类分析法进行了划分。实例分析证明了聚类分析法划分多次事件的有效性，然后得出普遍性的事件划分结论，需要大样本量的统计分析，从而得出各种行人群流量下各事件的长度分布。由于数据的有限性，本节在此仅提出一种可实行的方法。

5.7 交叉口行人群集行为分析

5.7.1 群集定义

交叉口行人过街群集需要满足以下条件：

（1）交叉口行人群集是指在人行横道上按群的形态过街的 3 个以上人组成的群体。

（2）群集中的行人在行进过程中，每一个群集成员应受到同一群集的其他成员的影响，这种影响存在各向异性。

（3）行人群集的定量界定方法。在人行横道区域内同时过街的行人数量较多时，常常会聚集成群，判断行人是否在“群集 A”中的界定是：以该行人为中心的半径为 1.70m 的圆的范围内是否有群集 A 的其他行人。

本书的群集界定值是结合《美国通行能力手册（2000 版）》（HCM2000）中人行道和路侧道平均人流服务水平标准表和北京市八王坟路口实际采集的数据聚类得出的，见表 5－9。

表 5－9　人行道和路侧道平均人流服务水平标准表

服务水平	空间/$m^2 \cdot$ 人$^{-1}$	服务水平	空间/$m^2 \cdot$ 人$^{-1}$
A	>5.6	D	1.4～2.2
B	3.7～5.6	E	0.75～1.4
C	2.2～3.7（半径 0.84～1.09m）	F	≤0.75

（4）群集成员人数会发生变化。群集由至少3个人组成，当人数非常大的群集（如40人）过街时，会出现小部分的行人渐渐离开群集，或小部分非群集成员行人加入群集。此时认为群集还是原来的群集。

某群集A的示意图如图5-14所示，每个圆以一个行人为中心，半径小于1.70m，人数大于等于3，无上限。非群集示意图如图5-15所示。

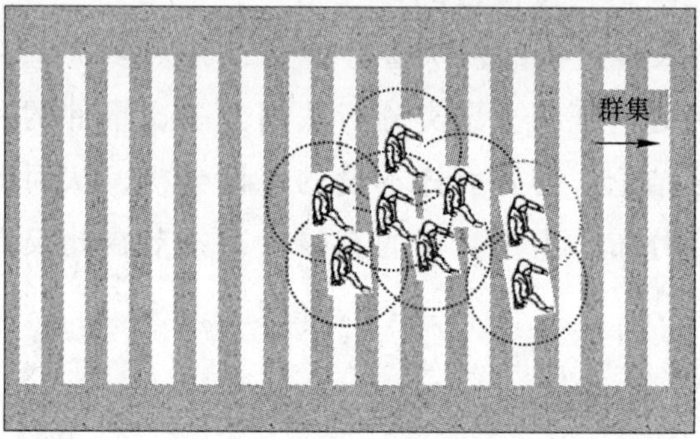

图5-14　交叉口过街行人群集示意图

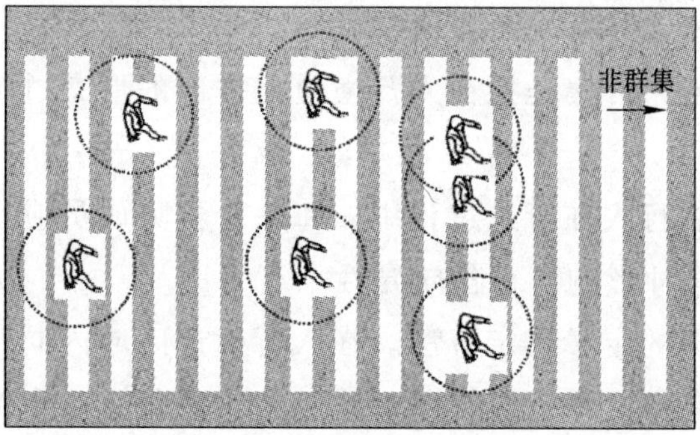

图5-15　交叉口过街行人非群集示意图

5.7.2　群集队形变化特性

过街过程中，群集的队形会不断发生变化，选取了北京市八王坟路口典型周期，对行人群集过街横纵位移随时间的变化进行分析，图5-16为所选群集的12个行人点示意图，图5-17为行人群集过街横纵位移随时间变化图。通过图5-17可观察到，随时间分为A、B、C三个阶段，三阶段行人向前移动、左右移动及群集队形的变化如下：

图 5 - 16　12 个行人组成的群集

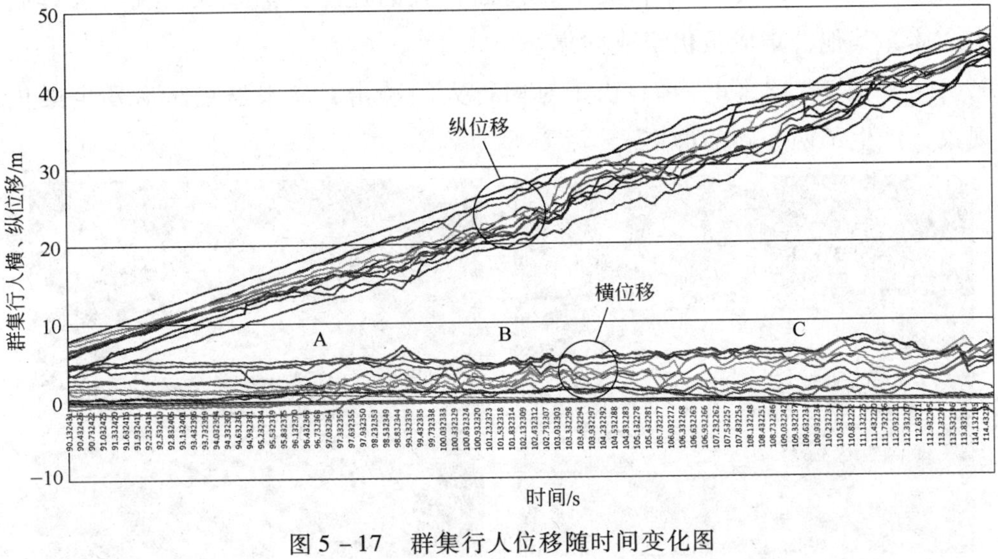

图 5 - 17　群集行人位移随时间变化图

（1）A阶段（双向行人相遇之前）。行人向前行走速度变化不大，左右移动量小，行人队形基本不变，群集中的个体间保持原来的相对位置。

（2）B阶段（双向行人相遇）。行人向前行走速度大小会不断发生变化（领头者除外），左右移动量大，队形稍有变化，群集中的个体间基本保持原来的相对位置。

（3）C阶段（双向行人分开）。行人向前行走速度变化大，左右移动量最大，队形越来越分散，群集中个体间打乱了原来的相对位置。

5.7.3 群集变化和消散特性

群集行进中由于队形的变化使得群集中行人间距离大于界定值，原来的群集可能变化为：

（1）两个或多个新的群集，分别以新的队形继续前进；

（2）群集中一个或几个行人脱离群集，变成个体，其余群集成员仍组成原来群集；

（3）群集完全消散，原来的群集不存在，也未产生新的群集。

群集变化特性可以用真实采集的图像截图进行说明，见图5－18。

（1）图5－18（a）为群集初始聚集状态。

（2）图5－18（b）为群集开始运动，队形发生变化。

（3）图5－18（c）中群集中最前面行人的速度突然增大，脱离群集成为个体，其他群集成员仍组成群集。

（4）图5－18（d）中，由于对向行人的冲击，原来群集队形发生渠化现象，产生了两个新的群集。

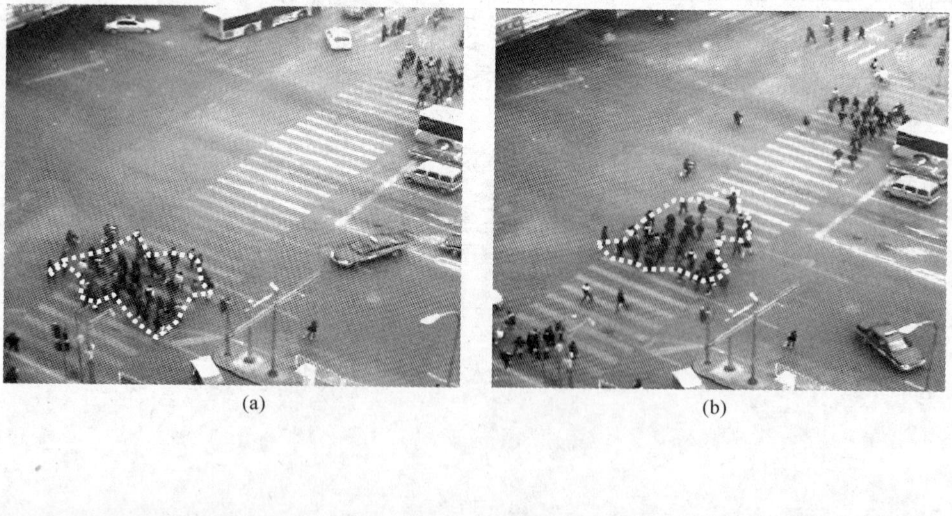

(a) (b)

(c) (d) (e) (f)

图 5 - 18 典型群集的过街变化图

(5) 图 5 - 18 (e) 中，两个新的群集队形不断发生变化，后续 1 个行人快步加入了群集中。

(6) 图 5 - 18 (f) 中，原来群集中的行人大部分已经离开人行横道，队形快速分散开。

5.7.4 过街群集中行人速度的分析

12 个单点速度的变化，通过视频分析软件，对群集中的 12 个行人的一个过街周期进行了追踪，得到 12 个行人的过街速度值共 17688 个，其中最大值 2.31m/s，最小值 -0.025m/s，平均值 1.35m/s。12 个过街行人的速度变化曲线如图 5 - 19 所示，群集内行人速度都在不断地发生变化。

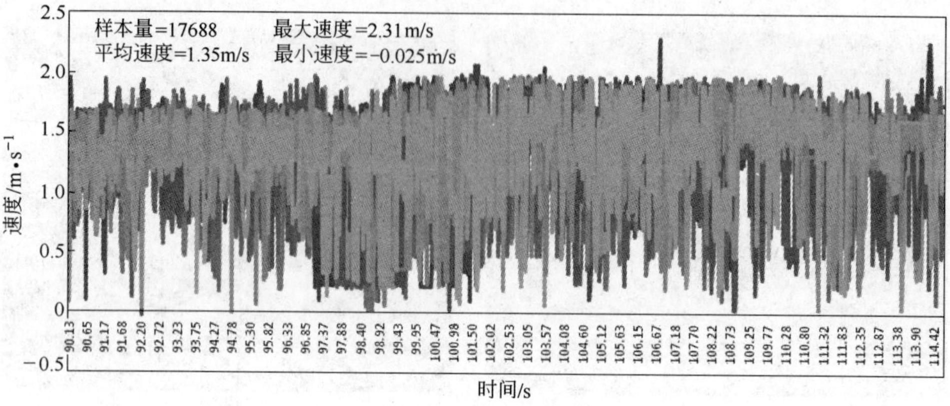

图 5－19　群集中行人过街速度变化

5.7.5　群集运动横向边界约束

用视频分析软件来分析过街的群集中最外侧行走的两个行人的运动轨迹，画出这两个行人在人行横道上行走的边界线，如图 5－20 和图 5－21 所示。群集中行人行走的横向界限并非完全在人行横道的宽度范围内，而会超出一些距离。在分析的周期，这个群集的横向界限在横坐标 −2.25～7.3m 之间。坐标系如图 5－22 所示。

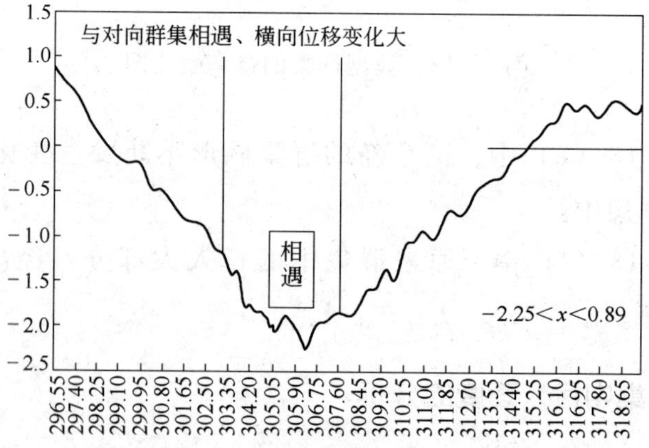

图 5－20　群集运动上边界

本章讨论了行人数据的采集和处理方法，定性分析了行人单体特性和行人群体特性。通过特性研究与归纳，发现行人在以群体为单位过街时呈明显

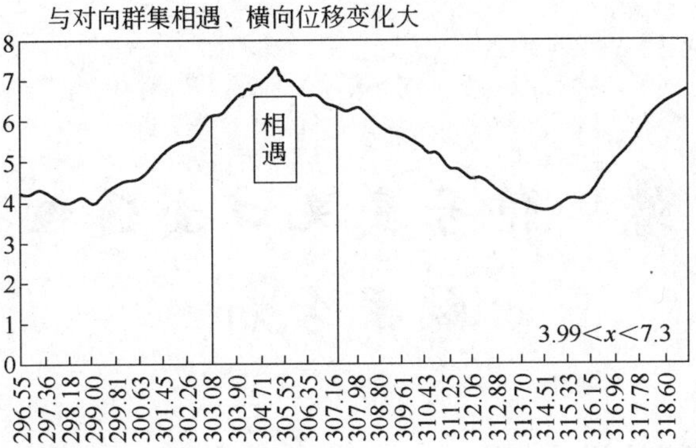

图 5－21 群集运动下边界

图 5－22 视频分析坐标系

的多事件特性，由初始的独自通过，到相互相遇穿越，直至分离后的再次独自通过。在各个事件过程中，行人所表现出的特性也不尽相同，群体形状、速度等也不尽相同，因此对行人过街进行多事件划分。进一步对多次事件应用聚类分析法进行了划分。实例分析证明了聚类分析法划分多次事件的有效性。

第6章 信号交叉口交通控制设施效果分析

6.1 黄闪灯控制效果分析

黄闪灯作为交通控制信号灯的一种，利用光的闪烁对驾驶员视觉造成刺激，以达到提醒驾驶员的作用。因此，本章通过对北京市通州区徐宋路－辛瞳路路口黄闪灯设置效果的研究，探讨黄闪灯的减速效果，以最终到达提高低等级公路交叉口安全服务水平的目的。

对于黄闪灯的设置条件，美国《Manual Uniform Traffic Control Devices (2003 edition)》中规定，黄闪灯是由一个或多个闪烁灯组成的交通信号灯，用于每一个进口道方向。闪烁警告灯的设置条件为：黄闪灯设置在主干道上，红闪灯设置在其他道路上。黄闪灯一般设置在不需要设置交通控制信号灯，但是交通流冲突依然存在的交叉口，一般设置在主干道上。

在国内，对于黄闪灯的设置并没有相应的规范。依据经验，一般事故死亡率在2~3人/年的交叉口要求设置黄闪灯。

为了得到黄闪灯的控制效果，本章利用近景摄影测量技术监控记录在黄闪灯影响下机动车通过交叉口的全过程，分析机动车行驶规律。

6.1.1 采集地点和道路交通状况

本章研究对象为主路与支路相交的交叉口，属于典型低等级公路交叉口，其中主干道为双向两车道，年平均日交通量为5000辆，次干道为单车道（见图6－1），年平均日交通量小于400辆。路口周边交通形式复杂，包括有医院、画廊以及餐馆等，易发生交通事故。交叉口南进口道设置有黄闪灯（图6－2）。运用交通近景摄影测量技术，通过对此类路口黄闪灯设置效果的研究，探讨黄闪灯的减速效果，以最终到达提高低等级公路交叉口安全服务水平的目的。

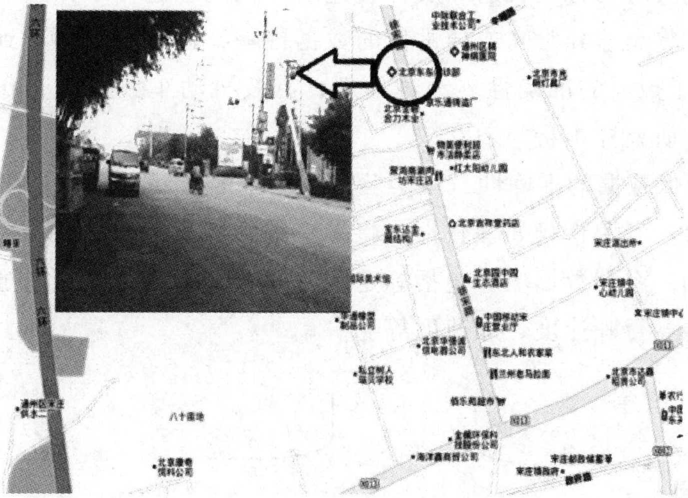

图 6 – 1 徐宋路 – 辛瞳路路口位置图

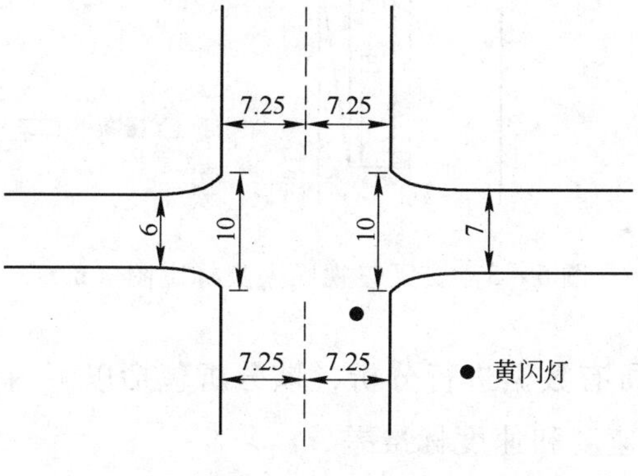

图 6 – 2 徐宋路 – 辛瞳路路口几何图（m）

6.1.2 样本采集

采用近景摄影测量方法对交叉口的机动车运行状况进行数据采集。先后到交叉口进行两次数据采集，采集时间为 12：00～13：00，且天气晴好，驾驶员视线较好，因为此时段为交通午高峰时段，交通量较大，同时排除天气等其他因素对驾驶员的影响。将摄像机架设在交叉口隐蔽处，使所有车辆都在未知状态下通过交叉口。

利用视频处理软件，将采集的视频进行分析，得到进口车道 13m 之内所有通过车辆实时的行驶轨迹以及行驶速度。在处理过程中，选取直行车辆进行分析，并将车速异常高或异常低的数据排除，但这些车辆不到总车流量的3%，确保了数据的准确性。经过处理，有效机动车数据为200辆机动车数据，因此本研究样本量为200。

为了确保数据的准确性，本实验选取标定区域（见图6－3）内的机动车为研究对象。利用视频处理软件，将采集的视频进行分析，得到以0.02s为单位时间的一系列数据值，包括标定范围的13m范围之内所有通过车辆实时的行驶轨迹、行驶速度、加速度等。

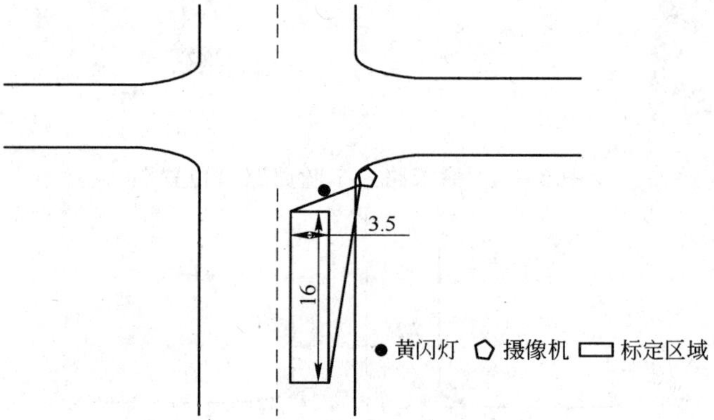

图6－3 交叉口视频采集标定图（m）

如上所述，对所有数据进行分析，该分析包括以下内容：

（1）平均行驶速度和速度标准差；

（2）行驶轨迹。

假设总体均为正态变量，利用单因素方差分析法研究在黄闪灯影响下，不同位置机动车行驶速度是否存在显著变化。

6.1.3 在黄闪灯影响下的直行车辆速度分析

6.1.3.1 原始数据汇总

由于视频采集的数据量较大（见图6－4），本章主要运用了拉格朗日插值分析（见图6－5）和单因素方差分析两种方法得到速度变化规律以及速度变化与黄闪灯是否有关、速度变化与距离是否有关。

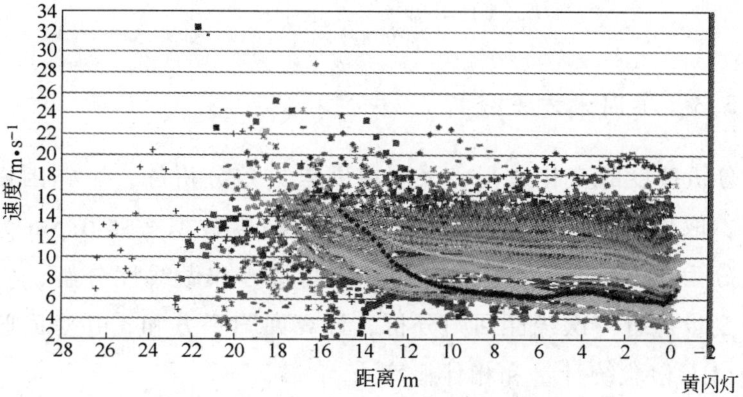

图 6－4 南进口车道机动车原始数据图

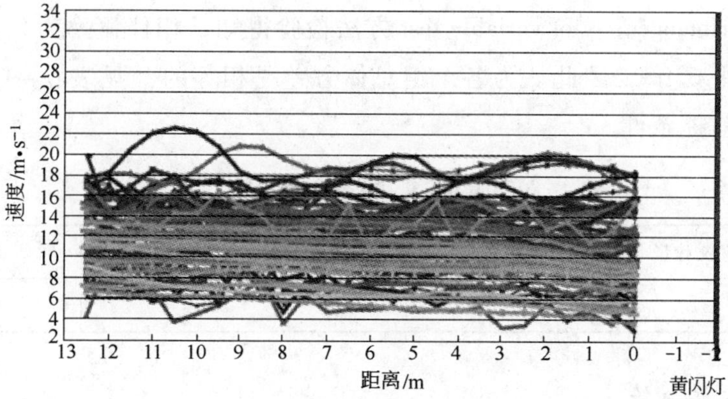

图 6－5 插值分析

6.1.3.2 插值分析

本研究旨在分析黄闪灯与行驶速度变化的关系以及距离与行驶速度的关系。但是，视频分析软件是以 0.02s 为时间单位得出一个速度数值，与行驶距离无关。因此，利用 Lagrange 插值多项式，得出以 0.5m 为单位距离的速度值。

Lagrange 插值多项式原理为：如果知道函数 $f(x)$ 在互异的两个点 x_0 和 x_1 处的函数值 $y_0=f(x_0)$ 和 $y_1=f(x_1)$，而想估计该函数在另一点 ξ 处的函数值，即构造线性插值函数。作过点 (x_0, y_0) 和点 (x_1, y_1) 的直线 $L_1(x)$，用 $L_1(\xi)$ 作为 $f(\xi)$ 的近似值，即

$$L_1(x) = y_0 \frac{x - x_1}{x_0 - x_1} + y_1 \frac{x - x_0}{x_1 - x_0} \tag{6-1}$$

6.1.3.3 单因素方差分析

为了分析速度的变化过程，采用单因素方差分析法，影响因素为距停车线的距离，取显著性水平 $\alpha = 0.05$。将行驶速度数据按照 0.5m 为单位距离分组，共分为 26 组。本次分析指定对组间平方和做线性分解，实质是对结果与控制变量进行一次线性回归分析，计算回归平方和，并对回归方程进行检验，给出 F 检验统计量和相伴概率。

A 方差检验的前提

由于方差分析的前提是各个水平下的总体方差服从方差相等的正态分布。利用 Homogeneity of variable test 方法检验得知，相伴概率为 0.994，大于显著性水平 0.05，因此认为各个组总体方差是相等的（见表 6－1），满足方差检验的前提条件。

表 6－1 方差齐性检验

Levene 统计量	df_1	df_2	显著性
0.431	25	2054	0.994

B 方差分析

检验各组不同距离的行驶速度是否有显著变化，即距交叉口距离对速度是否存在影响。经过方差检验（见表 6－2），F 值为 1.177，相伴概率为 0.000。相伴概率小于显著性水平 0.05，表明不同距离下的行驶速度存在显著差异，即距离对于行驶速度的变化是有影响的。

表 6－2 方差分析

			平方和	df	均方	F	显著性
组 间	组合值		370.822	25	14.833	1.177	0.248
	线性项	对比项	339.032	1	339.032	26.913	0.000
		偏差值	31.790	24	1.325	0.105	1.000
组 内			25875.101	2054	12.597		
总 数			26245.924	2079			

C 不同距离下行驶速度的多重比较

通过对各个组间的行驶速度的显著性分析，得出在距离交叉口 1.5m 以内时机动车行驶速度会有显著变化，相伴概率小于显著性水平 0.05（表 6-3 中用 * 号标出了显著性差别）。

表 6-3 多重比较

基准位置	12.5m											
距离/m	0	0.5	1	1.5	2	2.5	3	3.5	4	4.5	5	5.5
均值差	1.56*	1.59*	1.45*	1.24*	1.01	0.95	0.94	0.82	0.84	0.91	0.91	0.91
显著性	0.01	0.01	0.01	0.03	0.07	0.09	0.09	0.15	0.14	0.11	0.11	0.1

在低等级公路交叉口（徐宋路 - 辛疃路路口）设置黄闪灯后，机动车行驶速度呈下降趋势，速度衰减 12.87%。在距离交叉口 1.5m 以内（见图 6-6）会有显著变化，1.5m 处显著性水平为 0.03（<0.05）。

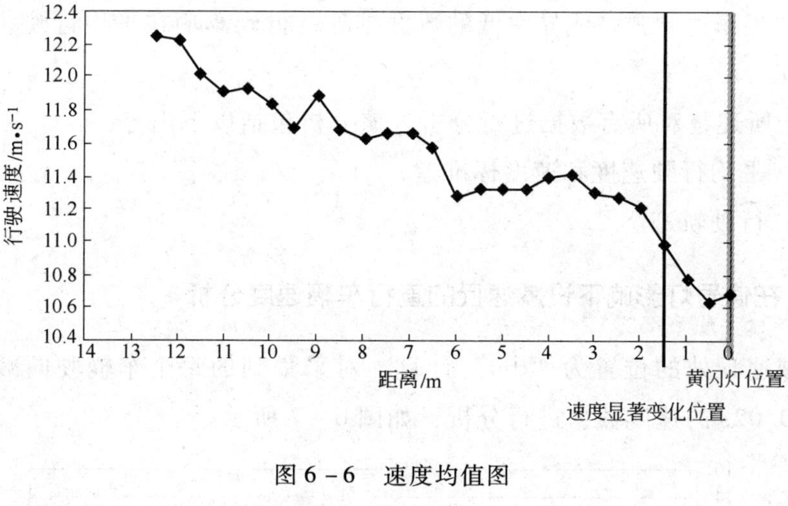

图 6-6 速度均值图

综上所述，在典型低等级公路交叉口徐宋路 - 辛疃路路口，基于黄闪灯的影响，机动车在通过交叉口时，会采取减速措施，速度衰减 12.87%，说明黄闪灯作为安全设施，可以起到提醒驾驶员的作用，达到机动车通过交叉口时减速的效果，提高低等级公路交叉口安全服务水平。

运用单因素方差分析法，得出距交叉口的距离对于机动车行驶速度是有显著影响的。在交叉口进口车道 13m 范围内，机动车在行驶到距交叉口 1.5m 处后，其行驶速度会有显著变化，1.5m 处显著性水平为0.03（<0.05）。

6.2 信号灯控制下减速丘效果分析

6.2.1 采集地点和道路交通状况

本节数据采集于混合交通严重、有一定坡度的城市信号交叉口。采用近景摄影测量方法对在信号灯控制、减速丘共同影响下的交叉口的机动车运行状况进行数据采集。交叉口为主干道和次干道相交，交叉口周围有社区、高层建筑。采集时间为2010年7月8日下午15：00～17：00，交通量较大，行人较多，且天气晴好，驾驶员视线较好，排除了天气等其他因素对驾驶员的影响。将摄像机架设在交叉口隐蔽处，使所有车辆都在未知状态下通过交叉口。

利用视频处理软件，将采集的视频进行分析，得到减速丘16m之内所有通过车辆实时的行驶轨迹以及行驶速度。在处理过程中，选取直行车辆进行分析，并将车速异常高或异常低的数据排除，得到车辆在平均行驶状态下的速度变化。

如上所述，对所有数据进行分析，该分析包括以下内容：

（1）平均行驶速度和速度标准差；

（2）行驶轨迹。

6.2.2 在信号灯影响下设减速丘的直行车辆速度分析

以减速丘处的位置为“0m”计算，对采集到的每个车辆驶向减速丘处的每隔0.02s的速度数据进行分析，如图6－7所示。

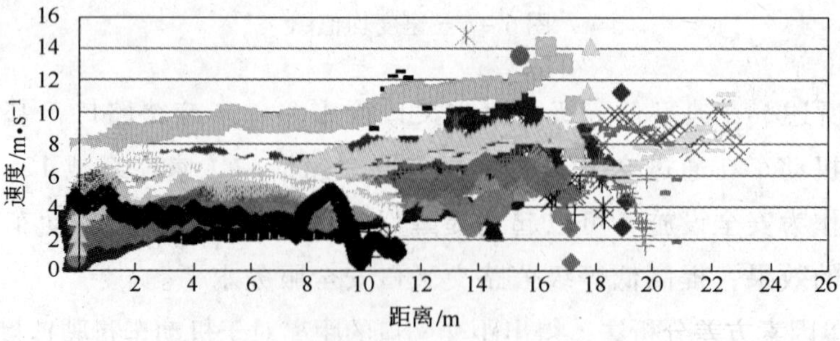

图6－7 车辆总体的速度－距离关系图

由于视频采集的数据量较大，采用插值分析法和单因素分析法对数据进行进一步处理，以得到最终结论。

6.2.2.1 插值分析

视频分析软件是以0.02s为时间单位得出一个速度数值，与行驶距离无关。因此，利用Lagrange插值多项式，得出以0.5m为单位距离的速度值。

Lagrange插值多项式原理为：如果知道函数$f(x)$在互异的两个点x_0和x_1处的函数值$y_0=f(x_0)$和$y_1=f(x_1)$，而想估计该函数在另一点ξ处的函数值，即构造线性插值函数。作过点(x_0, y_0)和点(x_1, y_1)的直线$L_1(x)$，用$L_1(\xi)$作为$f(\xi)$的近似值，即

$$L_1(x)=y_0\frac{x-x_1}{x_0-x_1}+y_1\frac{x-x_0}{x_1-x_0} \tag{6-2}$$

差值之后以0.5m为距离间隔，得到车辆行驶速度与距离关系图，如图6-8所示。

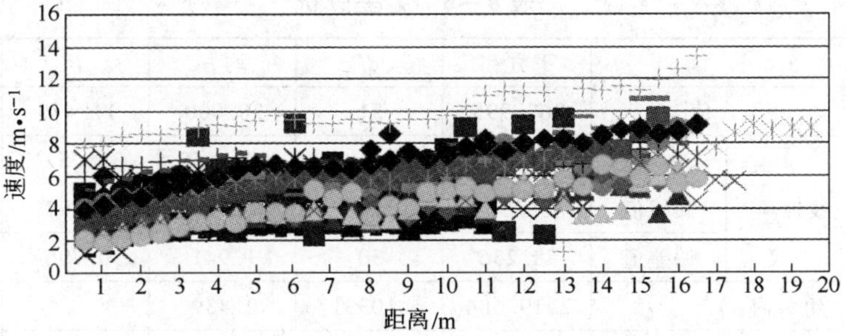

图6-8 差值之后车辆总体的速度-距离关系图

6.2.2.2 单因素方差分析

假设总体均为正态变量，利用单因素方差分析法研究在减速丘影响下，在不同位置机动车行驶速度是否存在显著变化。

为了分析速度的变化过程，采用单因素方差分析法，影响因素为距停车线距离，取显著性水平$\alpha=0.05$。将行驶速度数据按照0.5m为单位距离分组，共分为32组。本次分析指定对组间平方和做线性分解，实质是对结果与控制变量进行一次线性回归分析，计算回归平方和，并对回归方程进行检验，给出F检验统计量和相伴概率。

A 方差检验的前提

由于方差分析的前提是各个水平下的总体方差服从方差相等的正态分布。利用 Homogeneity of variable test 方法检验得知，相伴概率为0.955，大于显著性水平0.05，因此认为各个组总体方差是相等的（见表6-4），满足方差检验的前提条件。

表6-4 方差齐性检验

Levene 统计量	df_1	df_2	显著性
0.609	31	1033	0.955

B 方差分析

检验各组不同距离的行驶速度是否有显著变化，即距交叉口距离对速度是否存在影响。经过方差检验（见表6-5），F 值为11.479，相伴概率为0.000。相伴概率小于显著性水平0.05，表明不同距离下的行驶速度存在显著差异，即距离对于行驶速度的变化是有影响的。

表6-5 方差分析

			平方和	df	均方	F	显著性
组间	组合值		867.995	31	28.000	11.479	0.000
组间	线性项	未加权值	801.350	1	801.350	328.531	0.000
组间	线性项	加权值	809.759	1	809.759	331.979	0.000
组间	线性项	偏差值	58.236	30	1.941	0.796	0.776
组内			2519.684	1033	2.439		
总数			3387.679	1064			

C 不同距离下行驶速度的多重比较

通过对各个组间的行驶速度的显著性分析，得出在距离交叉口3.5m以外时机动车行驶速度会有显著变化，相伴概率小于显著性水平0.05（表6-6中用*号标出了显著性差别）。

表6-6 多重比较

基准位置	16m									
距离/m	0.5	1.5	2	2.5	3	3.5	4	4.5	5	5.5
均值差	0.25	0.19	0.34	0.44	0.65	0.87*	0.94*	1.11*	1.16*	1.21*
显著性	0.49	0.59	0.34	0.21	0.06	0.01	0.008	0.002	0.001	0.001

图 6－9 所示为速度均值图。

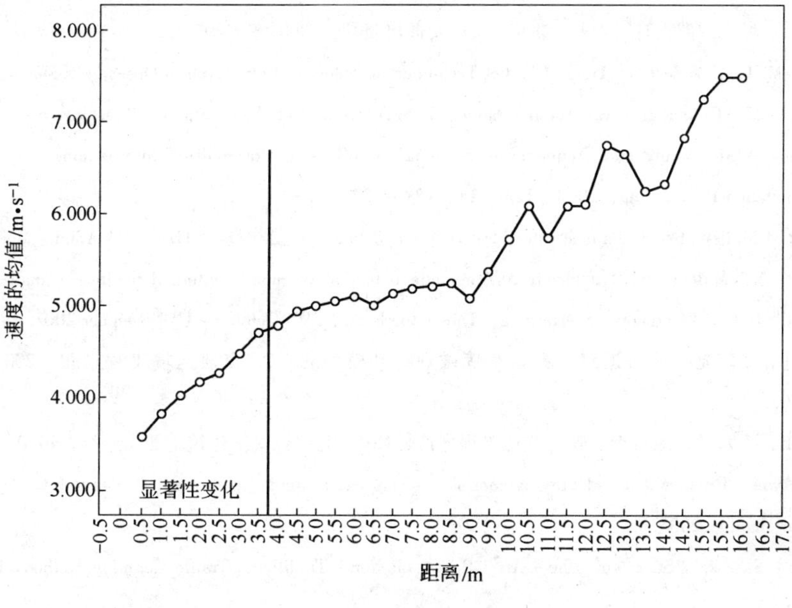

图 6－9 速度均值图

综上所述，在城市道路交叉口设置减速丘后，机动车行驶速度会呈下降趋势，速度衰减 42.87%。在距离交叉口 3.5m 以外会有显著变化，3.5m 处显著性水平为 0.01（<0.05）。

本节统计分析了城市道路交叉口设置减速丘后的实际应用减速效果，可以看到机动车在通过设有减速丘的安全设施交叉口时，会采取减速措施，速度衰减 42.87%，说明减速丘作为安全设施，可以起到提醒驾驶员的作用，达到机动车通过交叉口时减速的效果。

运用单因素方差分析法，得出距交叉口的距离对于机动车行驶速度是有显著影响的。在交叉口进口车道 16m 范围内，机动车在行驶到距交叉口 3.5m 处前，其行驶速度会有显著变化，3.5m 处显著性水平为 0.01（<0.05）。

参 考 文 献

[1] 周荣沾．城市道路设计［M］．北京：人民交通出版社，2000：96 ~ 97.

[2] Parker M R, C V Zegeer. Traffic Conflict Technique for Safety and Operations – Observer's Manual, FHWA – IP – 88 – 27, Federal Highway Administration, U. S. Department of Transportation, Washington, D. C. , 1989.

[3] Katamine N M. Nature and Frequency of Secondary Conflicts at Unsignalized Intersections [J]. Journal of Transportation Engineering, 2000, 126 (2): 129 ~ 132.

[4] Theo H J Muller. Red Clearance Intervals: Theory and Practice [J/CD]. TRB 2004 Annual Meeting. 2004.

[5] Saunier N, Midenet S, Grumbach A. Automatic detection of mobile interactions in a signalized intersection. 16th ICTCT Workshop, Soesterberg, The Netherlands, 29th October ~ 1st November 2003.

[6] 周光伟，杨晓光．城市道路交叉口车辆微观行驶模型［J］．交通运输工程学报，2001，1（4）：67 ~ 70.

[7] 任福田，全永燊，徐吉谦，等．交通工程导论［M］．北京：中国建筑工业出版社，1990.

[8] Greg Ayres, Bruce Wilson. Identifying control loss conflicts in field operational test data [J/CD]. TRB 2005 Annual Meeting. 2005.

[9] Sherry L Skszek. "State – of – the – Art" Report on Non – Traditional Traffic Counting Methods. Final Report 503. October 2001.

[10] FHWA. European Traffic – Monitoring Programs and Technologies. August, 1997.

[11] Klein L A, Kelley M R. "Detection Technology for IVHS," Vol. 1: Final Report FHWA – RD – 95 – 100. Turner – Fairbank Research Center, Federal Highway Administration Research and Development, U. S. Department of Transportation, Washington, December 1996.

[12] Gazis D C, Herman R, Rothery R W. Non – linear Follow – the – Leader Models of Traffic Flow [J]. Operations Research, 1961, 9 (4): 913 ~ 933.

[13] Treiterer J. Investigation of Traffic Dynamics by Aerial Photogrammetry Techniques. Transportation Research Center, Department of Civil Engineering, Ohio State University, Final Report EES 278, Feb. 1975.

[14] Wiedemann R, Reiter U. Microscopic Traffic Simulation/ The Simulation System – Mission. University Karlsruhe, German. 1992.

[15] Brackstone, McDonald, Wu. Development of a fuzzy logic based microscopic motorway simulation model. In proceedings of the IEEE conference on intelligent transportation systems (ITSC97), Boston, USA, 1997.

[16] Alejandro Angel. A method for analyzing the performance of signalized intersections from airborne imagery. paper submitted for presentation at the 82nd TRB annual meeting, January 2003.

[17] Treiterer J. Development of New Intersection Techniques Using Photographic Instrumentation [J]. Society of Photo – Optical Instrumentation Engineers Proceedings. 1972, 30: 67 ~ 74.

[18] 李江，汪国宪，李洪才．摄影测量技术在交通事故再现中的应用［J］．中国公路学报，1995（1）.

[19] 李江，江明，焦岩，周坚清．计算机图像处理技术在交通事故分析中的应用［J］．中国公路学报，1998，11（增刊）.

[20] 鲁光泉，许洪国．图像技术用于交通事故再现的研究进展［J］．公路交通科技，2001，18（3）：49~51.

[21] 鲁光泉，许洪国，刘宏飞，王利芳．用双目视觉方法重建交通事故现场空间点［J］．公路交通科技，2002，19（2）：95~100.

[22] 李显生，杨剑，任有，许洪国．交通事故现场俯视摄影图几何校正的研究［J］．公路交通科技，2002，19（1）：83~86.

[23] 王丰元，宇仁德，杜守旭．道路交通事故现场摄影测量原理与模型试验［J］．中国公路学报，2001，14（1）：100~103.

[24] Heng wei. VEVID – Video data collector. Transportation Research Board 78th Annual Meeting，1999 Washington，D. C.，1999.

[25] MacCarley C A，Hockaday S L M，Need D，Taff S. Transportation Research Record 1360——Traffic Operations，"Evaluation of Video Image Processing Systems for Traffic Detection，" Transportation Research Board，Washington，D. C.，1992.

[26] Image Sensing Systems，Inc. Autoscope 系统在 ITS 中的应用. Meeting Paper. 第七届多国城市交通展，北京，2001 年 10 月 17~20 日.

[27] Siemens Traffic Controls Limited. ARTEMIS Incident Management User Handbook. Siemens plc 1997.

[28] 杨树长，魏平．基于 RISC 处理器的实时交通计测系统［J］．北京理工大学学报，1999，19（3）：380~383.

[29] 魏武，张起森，王明俊，黄中祥．基于计算机视觉和图像处理的交通参数检测［J］．信息与控制，2001，30（3）：257~261.

[30] 黄爱民，陈万里．机动车辆自动识别系统［J］．国防科技大学学报，1998，20（5）：33~38.

[31] 胥健，胡福乔，霍宏．基于二维时空图像分析的车辆检测和分割方法［J］．上海交通大学学报，2002，36（6）：887~890.

[32] 王春波，张卫东，张文渊，许晓鸣．复杂交通环境中车辆的视觉检测［J］．上海交通大学学报，2000，34（12）：1680~1686.

[33] 杨明，宋学峰，王宏，张钹．面向智能交通系统的图像处理［J］．计算机工程与运用，2001.9：4~7.

[34] 郁梅，蒋刚毅．智能交通系统中的计算机视觉技术运用［J］．计算机工程与运用，2001.10：101~103.

[35] Kastrinaki V，Zervakis M，Kalaitzakis K. A Survey of Video Processing Techniques for Traffic Applications［J］. Image and Vision Computing，2003，21：359~381.

[36] Jong Bae Kim，Hang Joon Kim. Efficient Region – based Motion Segmentation for a Video Monitoring System［J］. Pattern Recognition Letters，2003，24：113~128.

[37] Kehtarnavaz N，Rajkotwala F. Real – Time Vision – based Detection of Waiting Pedestrians［J］. Real Time Imaging，1997，3：433~440.

[38] Benjamin Coifman，David Beymer，Philip McLauchlan，Jitendra Malik. A Real – time Computer Vision Sys-

tem for Vehicle Tracking and Traffic Surveillance[J]. Transportation Research Part C, 1998, 6: 271 ~ 288.

[39] Serge P Hoogendoorn. Walker Behavior Modeling by Differential Games. Delft University of Technology, Work paper, 2002.

[40] Hoogendoorn S P. Normative Pedestrian Flow Behaviors. Report VK2001.002, Transportation and Traffic Engineering Section, Delft University Of Technology.

[41] Hoogendoorn S P, P H L Bovy. Pedestrian Route - Choice and Activity Scheduling Theory and Models. Submitted to Transportation Research B. 2002.

[42] Hoogendoorn S P, P H L Bovy. Normative Pedestrian Behavior Theory and Modeling. 15th International Symposium on Transportation and Traffic Theory, Sydney, 2002.

[43] Hoogendoorn S P. Pedestrian Travel Behavior in Walking Areas by Subjective Utility Optimization. Transportation Research Annual Meeting. Paper nr. 02 - 2667.

[44] Teknomo Kardi, Yasushi Takeyama, Hajime Inamura. Tracking System to Automate Data Collection of Microscopic Pedestrian Traffic Flow. Proceeding of the 4th Eastern Asia Society for Transportation Studies, Hanoi, Vietnam, 3 (1): 11 ~ 25. Oct. 2001.

[45] 尚斐，郭志芬．高速公路汽车目标检测［J］．北京理工大学学报，1997，17（6）：759 ~ 764.

[46] 蒋刚毅，郁梅，叶锡恩，刘晓．一种基于视觉的车辆跟踪及交通流量参数估计新方法［J］．电路与系统学报，2001，16（4）.

[47] 冯文灏．数码相机实施摄像测量的几个问题［J］．测绘信息与工程，2002，27（3）：3 ~ 5.

[48] 冯文灏．近景摄影测量讲座［J］．测绘技术，1988. 35（2）：34 ~ 39.

[49] 于起峰，陆宏伟，刘肖琳．基于图像的精密测量与运动测量［M］．北京科学出版社，2002：11 ~ 17.

[50] 何民．混合交通流微观仿真关键技术研究［D］．北京：北京工业大学，2003：28 ~ 35.

[51] 李志辉，罗平．SPSS for Windows 统计分析教程［M］. 2 版．北京：电子工业出版社，2006.

[52] 卢侃，孙建华．混沌动力学［M］．上海：上海翻译出版公司，1990.

[53] Whitney H. The Self - intersections of a Smooth n - manifold in 2n - space [J]. Ann Math, 1994, 45: 220 ~ 246.

[54] Chillingworth D R J. Differential Topology with a View to Applications [M]. Loodon: Pitman, 1976: 136.

[55] Suykens J A K, Vandewalle J. Nonlinear Modeling - Advanced Black - Box Techniques Eds. Kluwer Academic Publishers, 1998: 209 ~ 239.